古の身体技法をヒントに
新しい身体介助法を提案する

古武術介護入門

岡田慎一郎 ● 介護福祉士・介護講師

DVD付

医学書院

岡田慎一郎（おかだしんいちろう）
1972年生まれ。介護福祉士，理学療法士。私立常総学院高等学校卒業後，身体障害者，高齢者施設の介護職員，介護講師を務める。従来の身体介助法に疑問を抱く中，武術研究者・甲野善紀氏と出会い，古武術の身体操法に基づいた身体介助法に感銘を受け，以後師事する。朝日カルチャーセンターでの講座を開講した2005年以降，新聞，雑誌，テレビ等多くのメディアに登場。独自の身体介助法と発想法を展開し，話題を集めている。岡田慎一郎氏への問い合せ・講演依頼はホームページ（http://shinichiro-okada.com/）まで。

古武術介護入門［DVD付］──古の身体技法をヒントに新しい身体介助法を提案する

発　行	2006年8月1日　第1版第1刷© 2016年12月15日　第1版第9刷
著　者	岡田慎一郎 おかだしんいちろう
発行者	株式会社　医学書院 代表取締役　金原　優 〒113-8719　東京都文京区本郷1-28-23 電話　03-3817-5600（社内案内）
印刷・製本	双文社印刷

本書の複製権・翻訳権・上映権・譲渡権・公衆送信権（送信可能化権を含む）は（株）医学書院が保有します．

ISBN978-4-260-00295-0

本書を無断で複製する行為（複写，スキャン，デジタルデータ化など）は，「私的使用のための複製」など著作権法上の限られた例外を除き禁じられています．大学，病院，診療所，企業などにおいて，業務上使用する目的（診療，研究活動を含む）で上記の行為を行うことは，その使用範囲が内部的であっても，私的使用には該当せず，違法です．また私的使用に該当する場合であっても，代行業者等の第三者に依頼して上記の行為を行うことは違法となります．

JCOPY 〈出版者著作権管理機構　委託出版物〉
本書の無断複製は著作権法上での例外を除き禁じられています．複製される場合は，そのつど事前に，出版者著作権管理機構（電話　03-3513-6969，FAX 03-3513-6979，info@jcopy.or.jp）の許諾を得てください．

▶ 推薦の序

　私にとっては，武の世界では先輩に当たり，30年以上のお付き合いをさせていただいている伊藤峯夫氏が，かつて「甲野さんは，まわりをおかしくする変な才能があるから，気をつけないとダメですよ」と，笑いながら忠告をして下さったことがある。

　その時は，それほど気にもならなかったが，今回岡田慎一郎氏が本書を刊行されるに当たって，あらためて考えてみると，岡田氏の人生を激変させたのは確かに私だということは認めざるを得なかった。といって，別に私が何をしたという訳でもないのだが…。

　私が初めて岡田氏と出会ったのは，今から2年半ほど前の，2004年の確か3月。私が田町の駅近くで講習会を開いていた時だったと思う。小柄で人当たりがソフトで，話の通りがいい，一見穏やかで誰とでも話を合わせられる素直な性格に見える一方，「これ」と思ったら譲らない，頑固で集中力のある人だな，というのが最初の印象だった。

　「この人は面白い」と，すぐ話し込むようになり，まだ何度も会っていない4月の中旬，テレビ東京の社会派バラエティ番組『世の中ガブッと！』への出演依頼があった時，介護を取り上げたいということだったので，岡田氏をアシスタント（というかアドバイザー）として同行をお願いしたのである。

　出番を待っていると，ある介護指導者の方が，車椅子から被介護者を抱え上げていた。そのやり方を見ているうち，フト私のなかに閃くものがあり，横に座っていた岡田氏を，座った形のまま椅子から楽々と抱え上げたのである。これが以後，私が行う介護技のなかで最も理論的解明が難しい「浮き取り」が生まれた瞬間であった。

　そして，1年後の2005年，『武術との共振』というDVDを作った時，岡田氏にも出演していただき，介護法の紹介をしたのだが，こと介護法に関しては，もうこの頃は岡田氏が主役で，この撮影時も，岡田氏は「浮き取り」が，もっと広く一般的に使えるように，両腿の上に被介護者を乗せる方法などを，その場で開発するほどの才能を発揮し始められたのである。その後，「添え立ち」の改良，椅子からの立たせ方，座らせ方等に，すぐれた技法を案出され，私のほうが逆にいろいろと教えられる立場となった。

教えた者に教えられるというのは，いささかバツの悪いものだが，すでに前年の夏，茨城県にある岡田氏の御自宅に伺った時，ハッキリと「この岡田氏が日本の介護界を変えた人物として後世，語り継がれるような存在になるだろう」という，どうしようもない予感がしていた私にとっては，その予感的中の快感のほうが大きく，岡田氏に学ぶことにいささかの抵抗もなかった。

　本書を読むと，私が岡田氏を育てたというイメージがあるが，実際にはいま述べたように，岡田氏は私からは最初にちょっとしたヒントを得ただけで，その才能が開花したのである。したがって，本書の中でも何箇所か，私が伝えたものと，岡田氏が自ら創り出したものとが混じって解説されているところがあるが，これはもはや岡田氏の感覚のなかで分離不可能なほど一体化しているからだと思う。

　それだけに，岡田氏と私の間では，その技や技の解説法の譬えなどで，お互いにどちらが創ったり思いついたりしたかを一々確認し合ったりせず自由に使っている。ただ，お互い自由に展開しているから，ちょっとした混乱もある。たとえば腕の力を使わないために，広げて張った五本の指のうち，中指と薬指を内側に折り曲げた手の形を思いついた当初，私は別に名称を付けないまま使っていたのだが，話術に巧みな岡田氏は，講習会などで，早速に「キツネさんの手」という名前をつけて実演するようになっていた。

　私は別に名前を付けず，そのまま使っていたのだが，DVDを作る時に，説明に必要なので名前を付けて欲しいという要望があり，いざそうなると，やはり自分で納得の行く名前を付けたくなるため，かなりの日数を使って「折れ紅葉」という名称を考え出した。しかし，その時は先行していた岡田氏の「キツネさんの手」の方が，広く（といっても，ごく限られた範囲だが）普及しており，この手

甲野氏（左）の指導を受ける岡田氏

は名称が二つあるということになったのである。

　とにかく，ズバリ，岡田慎一郎という人物はユニークで面白い。実技は上手，話は巧み，そして親切。ただ一つ忠告させて頂けるなら，そのボケとツッコミを一人二役でこなしながら，自虐ネタを絡ませる話し上手は女性から「ワァー，面白い人」で終わってしまう恐れがあるのではないか，ということである。もっとも，岡田氏のそういう包装紙にとらわれず，他の何人も真似の出来ない才能を深く理解する女性の出現を密かに待っているのだとすれば，もはや私から何も申し上げることもない。今後の縦横無尽の御活躍を心から祈る次第である。

2006年6月

武術研究者
甲野善紀

甲野善紀（こうのよしのり）
1949年，東京生まれ。78年，武術稽古研究会 松聲館を設立（2003年10月，会は解散）。他流儀や異分野との交流を行いつつ，武術研究を行う。プロ野球巨人軍の桑田真澄投手をはじめ，多くのスポーツ関係者に影響を与える一方，近年では岡田慎一郎氏を中心に，介護・看護関係者からもその身体技法や術理に注目が集まっている。
松聲館ホームページ：http://www.shouseikan.com

はじめに

　『古武術介護入門』を手にとっていただき，ありがとうございます。私は案内人の岡田慎一郎です。「古武術」と「介護」，一見何の共通点もないように思えますが，実は思いもよらぬ化学反応を起こしてしまったのです。本書では言葉と映像（付属 DVD）で，その概要をお伝えしたいと思っています。

　今の時点ではきっと皆さんの頭の上に多くの「？」が浮かんでいることでしょう。ここでは，前書きに変えて，少し皆さんの疑問に答えたうえで，本書の使い方をご案内しましょう。

Q1　**「古武術介護」って何ですか？　普通の介助技術とどこが違うの？**
　A　現代の身体の動かし方は主に欧米的な筋力を中心としたものといわれています。一方，「古武術」の動きは，欧米の影響を受ける以前のものであり，筋力に頼らず，質的な転換によって効率よい動きをめざすことが特徴です。「古武術介護」は，そうした「古武術」の身体技術や発想を，現場で生かすべくアレンジしたものです。
　☞ 第1章「古武術介護の考え方」からお読みください。

Q2　**体力がなく，武術はもちろんスポーツ経験もない。しかも腰痛持ちの私でもできますか？**
　A　そんな方こそ「古武術介護」を試みてはいかがでしょうか。筋力に頼らず，身体に負担をかけない動きをめざしますので，技術が向上していけば，腰痛予防や身体機能の向上にもつながります。
　☞ 第2章「古武術介護の6つの原理」をご覧ください。

Q3　**独特の技術のようですが，実際の現場でも使えますか？**
　A　ご紹介する技術は，私自身が現場の困難事例に対応する中で生み出した，実践的なものを中心にしています。特に全介護状態の方への技術は取り上げられることが少ないテーマなので参考になるかと思います。しかしそれ以上に，技術を通して得られる原理，発想の転換が現場での強い力となるのではと期待しています。
　☞ 第2章「古武術介護の6つの原理」と第3章「現場で使える古武

術介護」を参考に，実践に取り入れてみてください。

- Q4 **介助技術書は読んでもよくわからず，途中で挫折してしまいます。**
- A 動きを言葉にするのは難しいものです。読んでも理解できない，という方はまず付属の DVD から見ていただくのがよいかもしれません。ただ，本当に大切なのは表面から見えない感覚です。実際に練習をする前には，本の解説も読んでみてください。より感覚をつかみやすくなるでしょう。
  ☞ 付属 DVD をご覧ください。

- Q5 **そもそも，あなた（著者）は何者なんですか？**
- A 申し遅れました（笑）。私は普段，介護福祉士・介護講師として働いています。私と「古武術介護」との出会いや経歴については本書に収録している2つのインタビューをご覧ください。
  ☞ インターセッション 1, 2 をご覧ください。

- Q6 **介護はやってないけど，変わった本なので手に取ってみました。**
- A 本書は身体介助技術を紹介しているわけですから，当然，看護・介護の専門職の方に読まれることになるでしょう。しかし，個人的には，今現在，身体介助，介護の機会がない方にこそ，読んで，見て，試してほしいと思っています。本書のめざすところは，単なる身体介助技術にとどまらない「身体の動かし方入門」です。ぜひ，さまざまな分野からのご意見をいただきたいと思います。
  ☞ 古武術介護の他分野への展開については第4章「Q&A 古式術介護でできること，できないこと」，第5章「現在は常に通過点」をご覧ください。

　本書は，週刊医学界新聞（医学書院刊）に連載された『古武術介護入門』（2005年6月～2006年3月）を基に，大幅な加筆・修正を加え，単行本化したものです。連載時には触れられなかった具体的な介助技術を含め，さらに付属 DVD でより理解しやすいように解説を試みました。
　連載，もしくは講習会などですでに「古武術介護」に接したことのある皆さんにとっても，十分に楽しんでいただける内容になったと思います。ぜひ興味をもたれた項目からご覧ください。

それでは，どうか「勉強しよう」などと固くならず，実際に身体を動かしながら本書を楽しんでください。単なる身体介助技術にとどまらない，あなたの身体を変える「何か」を感じてもらえたら案内人としてうれしく思います。

2006年6月

岡田慎一郎

目次

推薦の序　甲野善紀　iii
はじめに　vii
付属 DVD について　xii

第 1 章　古武術介護の考え方 ……………………………… 1

第 2 章　古武術介護の 6 つの原理 ………………………… 13
原理その 1：揺らしとシンクロ　15
原理その 2：構造　20
原理その 3：重心移動　27
原理その 4：バランスコントロール　33
原理その 5：体幹内処理　38
原理その 6：足裏の垂直離陸　43

第 3 章　現場で使える古武術介護 ………………………… 57
1　ベッド上での上体起こしから端座位まで　59
2　ベッド上での端座位から車椅子への移乗　62
3　ベッド上での体位変換①　64
4　ベッド上での体位変換②　66
5　洋式トイレへの座らせ方の工夫　68
6　残存能力が高い人の椅子からの立ち上がり介助　70
7　2 人で行うベッドから車椅子への移乗　72
8　2 人で行うベッドからの抱え上げ　74

第 4 章　Q＆A　古武術介護でできること，できないこと …… 85

第 5 章　現在は常に通過点 ………………………………… 97

インターセッション
1　「身体」が導いてくれた古武術介護への道のり　48
2　看護・介護に発想の転換を　76

参考文献・映像資料　107
あとがき　111
索引　113

本文イラスト・海谷秀和
表紙デザイン・長谷川周平

付属DVDについて

● 付属DVDの使い方
・付属DVD-VIDEOの収録時間は約60分です。
・本製品はDVD-VIDEO形式です．一般のDVDプレイヤーあるいはDVD-VIDEO再生に対応したパーソナルコンピュータなどでご覧になることができます．
・本DVDに収録した内容は本書の内容に準拠しています．本文の対応箇所には，DVDマーク（DVD）を記載しております．
・DVD収録の内容を実践に取り入れられる際には，本文に記載された注意事項をご確認のうえ，十分ご注意いただくよう，お願いいたします．
・本DVDの複製権・翻訳権・上映権・譲渡権・公衆送信権（送信可能化権を含む）は（株）医学書院が保有します．無断での引用・上映，あるいは複製などは固くお断りいたします．
・本製品は書籍の付録として添付されているDVD-VIDEOのため，ユーザーサポートの対象外とさせていただいております．ご了承ください．

● DVDの内容

第1章　古武術介護の考え方
　1-1　「キツネさんの手」で持ち上げる

第2章　古武術介護の6つの原理
原理その1：揺らしとシンクロ
　2-1a　「揺らしとシンクロ」を用いた椅子からの立ち上がり
　2-1b　武術遊び「引き落とし」

原理その2：構造
　2-2a　「構造」を用いた片手上体起こし（上体起こしver. 1）
　2-2b　武術遊び「手のひら返し」
　2-2c　「身体のあそびを取る」とは？
　2-2d　「構造」を用いた両手上体起こし（上体起こしver. 2）

原理その3：重心移動
　2-3a　「重心移動」を用いた上体起こし（上体起こしver. 3）
　2-3b　原理1〜3を併用した上体起こし（上体起こしver. 4）

原理その4：バランスコントロール
　2-4a　長座からの立ち上がり介助（添え立ち ver. 1）
　2-4b　添え立ちの練習方法
　2-4c　添え立ちの注意点
原理その5：体幹内処理
　2-5a　武術遊び「骨盤崩し」
　2-5b　「体幹内処理」を用いた添え立ち（添え立ち ver. 2）
　2-5c　「体幹内処理」を用いた上体起こし（上体起こし ver. 5）
原理その6：足裏の垂直離陸
　2-6a　椅子からの抱え上げ（浮き取り ver. 1）
　2-6b　立位からの抱え上げ（浮き取り ver. 2）
　2-6c　武術遊び「段ボール箱乗り」
第3章　現場で使える古武術介護
　3-1　ベッド上での上体起こし〜端座位まで
　3-2　ベッド上端座位〜車椅子への移乗
　3-3　ベッド上での体位変換①
　3-4　ベッド上での体位変換②
　3-5　洋式トイレへの座らせ方の工夫
　3-6　残存能力が高い人の椅子からの立ち上がり介助
　3-7　2人で行うベッド〜車椅子への移乗
　3-8　2人で行うベッドからの抱え上げ

● 制作スタッフなど
監　　修：岡田慎一郎
出　　演：岡田慎一郎，瀧井美紀，若生　香
施設提供：三幸福祉カレッジ
制　　作：医学書院

第1章
古武術介護の考え方

ごく普通の人になら,「ああ,なるほど」って分かってもらえる譬えなども,専門家で,まして学術系の専門家であればあるほど,もうそこで話が通じなくなってしまうんですね。いったい,こんなことで,物事の探求とか,進展があるのだろうかと非常に疑問を感じるのです。
—— 甲野善紀
(養老孟司・甲野善紀著,『自分の頭と身体で考える』より)

>> 「基本」はすべて正しい!?

「介護は身体を壊す」「介護は身体の痛みに耐えながら行うこと」。

看護師，介護福祉士など日常的に身体介助を業務とされる方や，家庭介護に携わる方であれば，これらのフレーズに共感する方は多いと思います。ある調査では，介助者の7割以上が身体に痛みを感じているとありました。では，身体介助は具体的に，どのように大変なのでしょうか。例をあげてみましょう。図1-1は「基本」とされている立ち上がり介助です。

「基本」という表現はさておき，これは一般に多く行われている方法だと思います。しかし，現場ではこの「基本」がすべて通用するわけではありません。体重差がある方や，全介護状態の方を介護しなければならない場合，この方法だけでは腰にかなりの負担がかかってきます（図1-2）。このことは看護・介護の施設や家庭介護の「現場」を持つ読者の皆さんにはご理解いただけると思います。

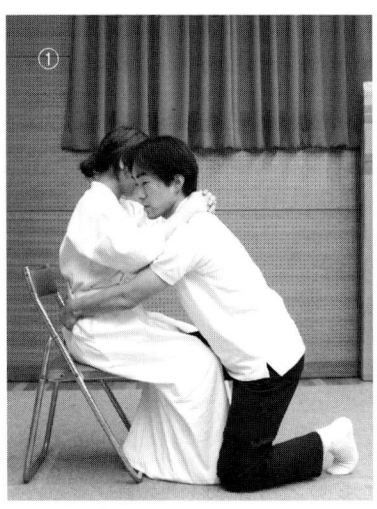 

図1-1　「基本」の立ち上がり介助
Ⅰ．被介助者の両手を介助者の首に回してもらい，介助者は腰のあたりをしっかり持つ（①）。
Ⅱ．被介助者を前かがみに誘導しつつ，立ち上がりのタイミングをとる。
Ⅲ．被介助者の動きに合わせ，上方向に引き上げていく（②）。

>>「発想の転換」が身体を救う

　では，どうすればよいのか。私自身の経験をご紹介しましょう。実は私は，紆余曲折あって介護の専門学校を1か月程度で中退し，何も知らないまま現場に入りました。就職したのが新設の重症身体障害者の施設だったため，ほとんど「基本」も教わらないまま，全介護者への身体介助を含めた，ハードな現場での介護業務に取り組まなければならなかったのです。しかし不思議なことに，しばらくするとしっかりと「基本」を学んだはずの同期が次々に身体を壊しはじめるなか，私だけが無傷，という状況になりました。

　私は，はじめこそ教わった通りにしていたのですが，上述の「基本」が身体の小さい私（57 kg）にはきつかったので，たまたま習っていたグローブ空手（グローブをつけて行う空手）の「クリンチ」の技術を応用するようになりました。「クリンチ」とは打ち合いのなか，相手に組みつき，体勢を入れ替える技術です（図1-3）。私はとても弱く，打たれるとすぐに組みついて休んでいたので，身体が困ると反射的に介護の場面でもその技術が出てしまったのです。

　しかし，やってみるとこれは身体に楽な方法でした（図1-4）。また，介護を受けた方も「あまり負担を感じない」とおっしゃってくださいました。それから私は，これはおもしろいと，格闘技のエッセンスを積極的に介護へ活かすように

図1-2　立ち上がり介助の失敗例
体重差があったり，全介護状態の方を持ち上げようとしたときには，こういった形になりがちです。

図1-3 「クリンチ」をする筆者

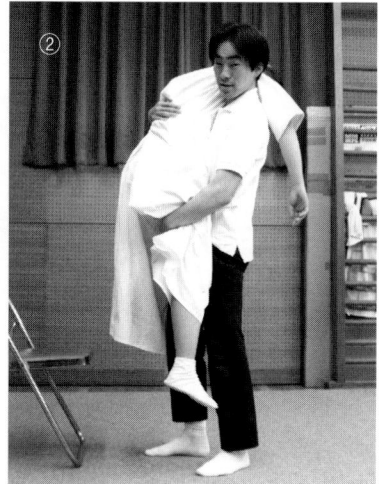

図1-4 「クリンチ」を応用した立ち上がり介助
被介助者の脇に頭を入れ、左手は膝の下に、右手は腰にそれぞれ添え（①）、抱え上げます（②）。筋肉・腰への負担はほとんど生じずに、全介護の方を抱え上げることができます。ただし、この方法には後述するさまざまな原理が組み合わされていますので、見た目だけでまねをしようとしてもうまくいきません。ご注意ください。

なったのです。

　ただ、このように書くと、「基本」が間違っていると断言しているかのような印象を与えるかもしれません。しかし、「基本」に罪はありません。何も方法を知らない初心者にとって「基本」は重要なきっかけになります。しかし、施設の勤務状況や被介助者の状況など、さまざまな現場の状況を無視して「基本」をや

り通そうとすると身体を壊してしまいます。私は，そうしたさまざまな状況に対応するためには，基本をきっかけにした「発想の転換」が必要だと考えています。「クリンチ」の応用はその一例にすぎないと思うのです。

>> 武術研究者・甲野善紀先生との出会い

そんなある日，たまたまつけたテレビで武術研究者の甲野善紀先生が，古武術の原理を活かした介護技術を紹介していました。直感的に，「これはすごい！」と感じた私は，すぐに講習会へ行きました。そして技を受け，その直感は確信へと変わりました。

何がすごかったのか。それは，甲野先生が筋力以外のさまざまな「チカラ」を使っていたことです。しかも，それは精神論でなく，現実に見て，触れ，体感できるものでした。そのときまで取り組んでいた，「格闘技式介護術」の先を行くものを発見したことに身震いがしました（このときは，何1つできませんでしたが）。それ以後，甲野先生の技から学び，研究させていただくようになったのです。

>>「古武術」とは？

「古武術」とは，西洋の文明が入ってくる以前に日本にあった武術です。昔の人は，現代人とは違った身体の使い方をしていたといわれていますが，それを研究，実践し，武術のみならず，スポーツ，音楽，舞踏，介護などさまざまな分野へ発信しているのが甲野善紀先生です。

甲野先生によれば，現代人の動きは，西洋的な原理の中で行われているといっても過言ではないようです。

たとえば，歩き方にしても，現在は手を元気よく振るのがよい歩き方とされています。ところが，昔は着物を着ていたので手を振ると着崩れしてしまいます。そのため，自然に手をあまり振らず，体幹もねじらない動きをしていたそうです。これが，最近よく聞く「ナンバ歩き」です。この動きの合理性や効果は，陸上競技をはじめとするスポーツの分野で実証されつつあります。

また，力の出し方にしても，昔の人は現代人とは異なる方法を用いていたと考えられています。通常なら，人を立ち上がらせるとき，両足に力を入れて踏ん張る動きをしますが，古武術の場合，踏ん張るどころか，両足裏を垂直に浮かすような動きをします。そのことにより身体全体の力の伝わりがよくなるのです。また，腕や足といった，個々の筋力を単独で使うのではなく，身体全身の筋力をうまく協調させて使うことも特徴です。

甲野先生は次のように表現されています。「鎧は持てば重いけど，担げばまだ軽くなる，着ればさらに軽くなり，走ることもできる」。先ほどの「クリンチ」を応用した方法も，知らず知らずのうちに，こうした理屈を応用したものだった，ということがいえるでしょう。ともかく，甲野先生を通じて知った古武術の世界は，私にとって「発想の転換」のヒントにあふれていたのです。

>> 自分らしい介助技術を創る

　以上，甲野先生と古武術について簡単に紹介しましたが，私の場合，古武術および甲野先生の技をそのまま身体介助技術に使用しているわけではありません。甲野先生から学んだ原理や，仲間とともに研究した方法を組み合わせて，私なりに身体に負担のかからない技術を工夫しています。ですから，武術家にしかできない方法でもなければ，武術の修行を推奨するようなものでもありませんので，ご安心ください。

　読者の皆さんも，本書からヒントになると思えるものがあれば，そのまま使うよりも，自分自身にあったものになるように，応用していただければと願っています。自分の身体にやさしい技術は，相手の身体にもやさしく働きかけます。

　古（いにしえ）の人々の身体運用を活かした「古武術介護」は，まだまだはじまったばかりです。皆さんとともに学び，発展していけることを楽しみにしています。

>> 介護は筋力勝負？

　さて，それでは古武術介護の基本的な考え方を簡単に解説しましょう。古武術の「チカラ」は一般的な筋力中心の「力」とは異なります。それぞれを体感し，比較してみましょう。

　まず，現場で，もっとも「力」を使ってしまう場面を見てみましょう。図1-5は，先にも述べた立ち上がり介助の失敗例ですが，この方法では被介助者の脚力が不十分な場合，立ち上がることができません。さらに，現場では立ち上がらせるだけでなく，車椅子，ベッド，トイレなどへ移動させる必要があります。すると，がっぷり四つでつり上げた体勢のまま，被介助者を振り回して移動することになります。このため，被介助者のズボンのベルトのあたりが破れたり，ズボンが股に食い込んだりします。同時に介助者の腰や肩に強い負担がかかり，身体を痛める原因にもなります。

　図1-5で使われている「力」を分析してみましょう。まず，腕の力で被介助

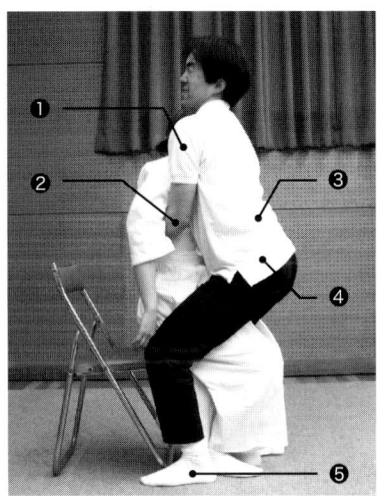

図1-5 筋力に頼った立ち上がり介助

筋力に頼って失敗したとき，力の入っているポイントは以下の通り。
Ⅰ．被介助者の腰をつかみ，腕の力で引っ張り上げる（❷）。
Ⅱ．足を踏ん張り，腰・肩を支点にして腕力を使う（❶，❹，❺）。
Ⅲ．腕だけでは最後まで持ち上がらないので，腰を反らせる（❸）。

者の腰をつかみます（図1-5 ❷）。次に足を踏ん張り，腰・肩を支点にして力を入れます（図1-5 ❶，❹，❺）。最後に，腰を反らせて持ち上げようと試みます（図1-5 ❸）。いかに筋力が使われているかがわかります。

結果として，現場では「なんだかんだいっても筋力がないと介護はできない」という論調が一般的となりがちです。しかし，これは少々寂しい「現実」だと私は思います（それでは，私のような華奢な人間には介護職は勤まらない，ということになってしまいます）。

>> 筋力に頼らない古武術のチカラ

こうした問題に対して，筋力トレーニングなどで介護をしても壊れない身体を作るという考え方があります。それも1つの方法であり，有効でしょう。しかし，古武術的な発想では，筋力をつけるのではなく，「もともとあったのに気づかなかったチカラ」を有効活用することをめざします。「もともとあったのに気づかなかったチカラ」とは，重力だったり，身体の「構造」がもたらすものだったり，

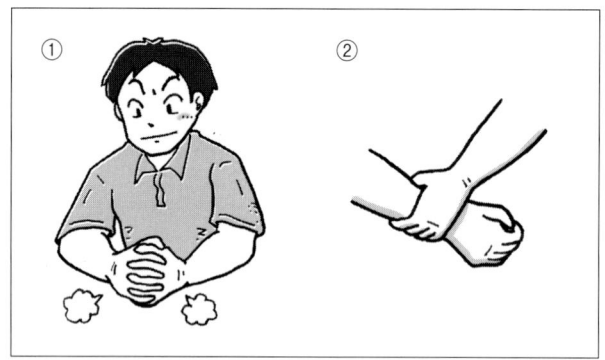

図 1-6　通常の腕の組み方
両手をしっかりと握りあう（①），もしくは片方の手でもう片方の手を握る（②）。いずれの方法も両手を固定するために筋力を消耗してしまう。

さまざまです。ともかく，筋力をアップさせるのではなく，効率的な身体の使い方，チカラの生み出し方を工夫する，というのが古武術的な発想の大きな特徴ということができます。

　でも，そんなにウマイ話ってあるのでしょうか？　では早速，身体を使った「遊び」で体感してみましょう。

　まず，立っている人を後ろから抱え上げてください。何も考えずに普通にやると，腕をまわして両手をギュッと握ると思います（図 1-6 ①）。もしかすると，より相手と密着できるように，手首を握る持ち方をする人もいるかもしれません（図 1-6 ②）。しかし，いずれにしてもかなり筋力を使用するやり方で，体重差があるとだんだん厳しくなってくると思います。

　ここで，古武術的な一工夫を加えます。両手をぐっと握るのではなく，中指と薬指で「キツネさんの手」を作り（図 1-7），互いにひっかけ，そのまま，腕には力を入れずに相手の身体を自分の身体に乗せるように抱え上げます（図 1-8）。

　……いかがでしょうか？　常識で考えれば，しっかり力を入れて握ったほうが安定するし，力も効率的に伝わりそうですよね。でも，実際にやってみると，こちらのほうが相手の身体を楽に持ち上げることができるのを実感いただけたのではないでしょうか。

　この方法の威力を強く実感した出来事をご紹介します。

　NHK の『課外授業　ようこそ先輩』という番組に甲野善紀先生が出演されたとき，その収録現場でアシスタントとして小学校 5 年生の女の子にこの方法を教えたところ，当日のゲストで，183 cm 92 kg もあるスポーツ指導者の方を軽々と持ち上げてしまったのです。持ち上げたのは 3 名で，みな体重 40 kg にも満

「キツネさんの手」で持ち上げる
☞ DVD 1-1

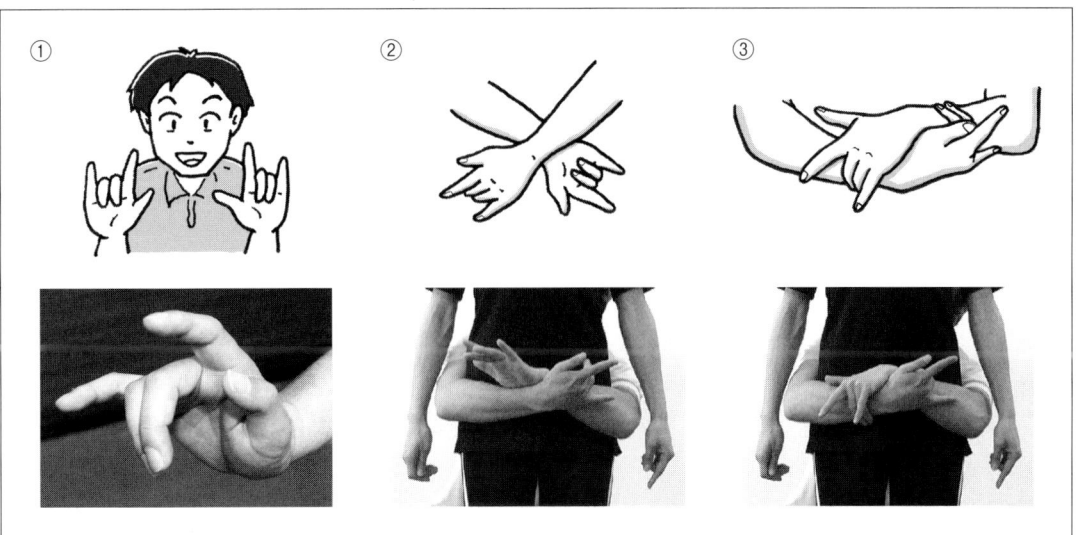

図1-7 「キツネさんの手」を使った腕の組み方
Ⅰ. 中指と薬指を折った「キツネさんの手」(①)を両手とも作る。
Ⅱ. 手首の内側を重ね合わせる(②)。
Ⅲ. そのまま肘を後ろに引いていくと、それぞれの中指、薬指がフックのように手首に引っかかる(③)。

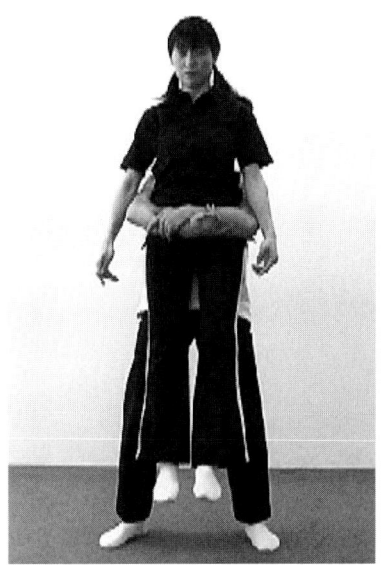

図1-8 「キツネさんの手」で持ち上げる
「キツネさんの手」を用いて相手の胴をフックし、そのまま持ち上げると、通常よりかなり軽く持ち上げることができる。

第1章 古武術介護の考え方

たない女の子でした。

　このとき感じたのは，彼女たちが，未知のものに対して先入観がなく，「とにかく何でも体験してみよう」という柔らかな気持ちを持っていた，ということです。大人になると，どうしても固定概念に縛られがちですが，彼女たちにはそれがない。だからこそ，筋力でないチカラを上手に出せたのだと思います。

>> チカラの正体

構造
☞ 20頁

　「キツネさんの手」は，どうしてチカラが出るのか。私は，これを「構造」のおかげだと考えています。体重 40 kg の女の子が腕の筋肉だけで，92 kg もある人を持ち上げることは普通に考えると困難でしょう。持ち上がったのは，身体全体のチカラが出やすい「構造」をうまく使ったからだと考えられます。

　「キツネさんの手」を組み合わせて作った輪が相手の胴の周囲にピタッと密着すると，それ以上，腕の筋肉を使うことは難しくなることがわかると思います。その体勢から相手を持ち上げると，相手の体重は腕ではなく，こちらの身体全体に分散します。つまり，あえて局所的な力を使わないことにより，身体全身のチカラを引き出すことができるのです。これが，私の考える「構造」のメカニズムです。

　身近な例を1つ。机と机の間にコピー用紙を置き，そこに消しゴムを乗せます。すると当然，落ちます。でも，コピー用紙を「コの字」に折って置けば，落ちることはありません（図1-9）。

　筋力をつける発想は，コピー用紙を重ねて厚くするのに似ています。古武術の発想は，紙を折り曲げて構造を変えるのに近いものです。現在の電化製品は，昔のものに比べて電力の使用量は少なくなったにもかかわらず，高性能になっています。身体も省エネ設計で質をよくする。それが，古武術的発想なのです。

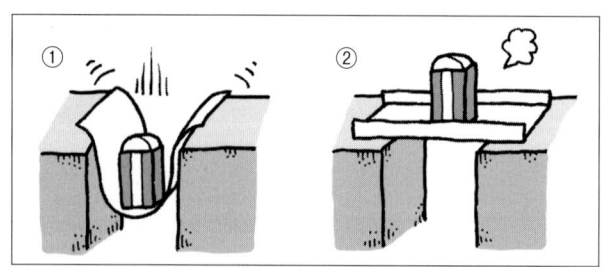

図1-9　構造を変えると「強さ」も変わる
1枚のコピー用紙では消しゴムの重さを支えることはできない
（①）が，形を変えれば同じものを用いても支えることができる
（②）。

>> 古武術介護は OS の転換

　古武術介護を取り入れるからといって，現在使用している技術を否定する必要はありません。むしろ，これまでの技術は，古武術的な身体運用や発想の転換を加えることによって，さらに進化する可能性を秘めていると私は考えています。

　パソコンでいえば，古武術介護の考え方は OS を交換するのと似ています。OS（＝身体運用）がよいものになれば，同じソフト（＝従来の介助技術）を使っても，楽に，スムーズに動かすことができるということです。

　とはいえ，古武術のチカラはもちろん万能ではありません。また，私がご紹介するものよりももっと有効な方法だってあるはずです。ですから，本書でご紹介する古武術介護の原理は，閉塞感のある現状を打開するためのヒントの1つとして受け止めてもらえれば，と思っています。

▶ 文献

養老孟司，甲野善紀：自分の頭と身体で考える．PHP 研究所，2002

第 2 章
古武術介護の 6 つの原理

もともと，わたしたちが毎日経験している現実を，これはこの現象，それはあの現象，なんて簡単に分けることはできないんです。ところが，ニュートンの「運動の法則」のおもしろくてすごいところは，すべての現象は相互に連関していて不可分だということを承知の上で，運動という現象を理想化して考えたということですね。
―― 池上六朗
（内田　樹・池上六朗著，『身体の言い分』より）

第2章では，実際に私が工夫している介助技術を1つひとつご紹介し，それを通して古武術的な身体の使い方を体感していただきながら，その原理を考えていきたいと思います。全部で6つの原理が登場しますが，これらはバラバラに存在しているわけではありません。むしろ，私自身が身体を通して工夫した「よくわからないけどうまくいく技術」について，そこに含まれている要素を仮に6つに分類したものにすぎません。ですから，「原理」といっても1つひとつにはあまりこだわらず，それぞれを柔軟に組み合わせ，工夫を重ねてみてください。

　また，本章で紹介する技術は，原理をわかりやすく解説するためにアレンジしています。必ずしもそのまま現場で活かせる技術ばかりを紹介しているわけではありません。現場での技術については第3章にまとめてありますので，はじめて古武術介護に触れる方は，まず付属のDVDでそちらをご覧いただいてから本章に戻られると，より理解が進むかもしれません。ここでは何よりも古武術介護の身体を動かす楽しさ，チカラの不思議さを楽しんでもらえたらと思います。

>> 原理その1：揺らしとシンクロ

　1つ目の原理は「揺らしとシンクロ」です。それほど難しくはないと思いますが，見た目の単純さ以上に，身体の使い方や感じ方にかかわる，重要なヒントがたくさん含まれた技術です。

>> 波乗り感覚で省エネ介護!?

　まずは，椅子からの立ち上がりを介助してみましょう。脚力が弱った方の椅子からの立ち上がりをお手伝いするわけですが，やってみると意外に難しいものです。単純に立ち上がらせようとすると，相手の腰が椅子に残ってしまうことも少なくありません。このやり方では介助者，被介助者の双方に身体的な負担がかかってしまいます。

　図2-1をご覧ください。一見，ただ肩に手を添えて立ち上がりを手伝ってい

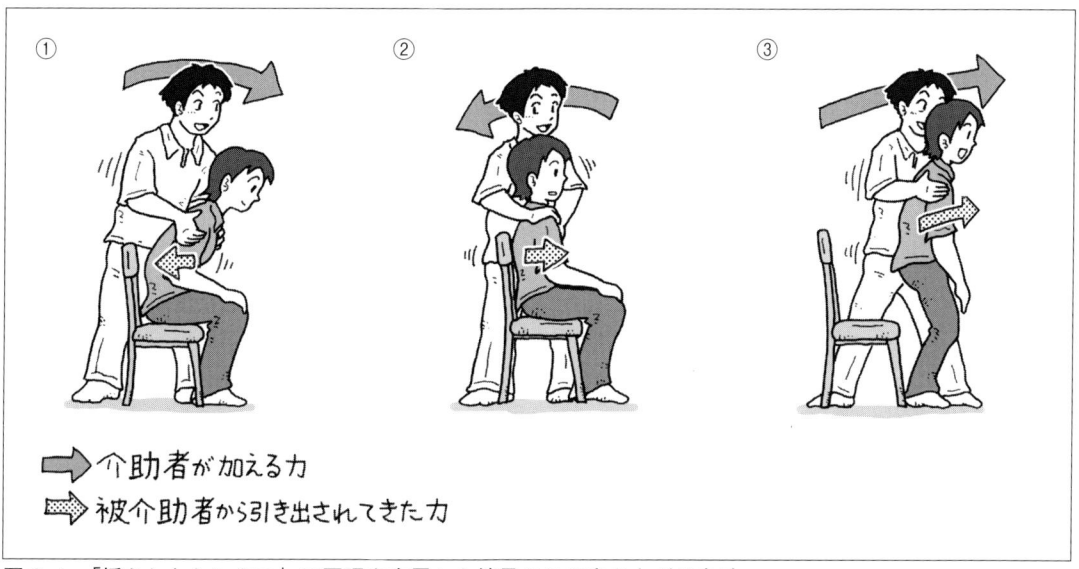

図2-1　「揺らしとシンクロ」の原理を応用した椅子からの立ち上がり介助
Ⅰ．被介助者の肩と脇の下に手を添え，前に軽く揺すって反応を見ます（①）。
Ⅱ．相手がバランスを戻そうと後方に身体を倒してきたら，その動きよりも少しだけ速く，さらに後方に相手の身体を引きます。うまくタイミングが合うと，相手は自然に，前方にバランスをとろうとします（②）。このときの介助者の手の位置については図2-2をご覧下さい。
Ⅲ．被介助者が前方にバランスをとろうとしたところを，タイミングよく軽く支え，一緒に立ち上がると，互いに抵抗感なく立ち上がることができます（③）。

第2章　古武術介護の6つの原理　● 15

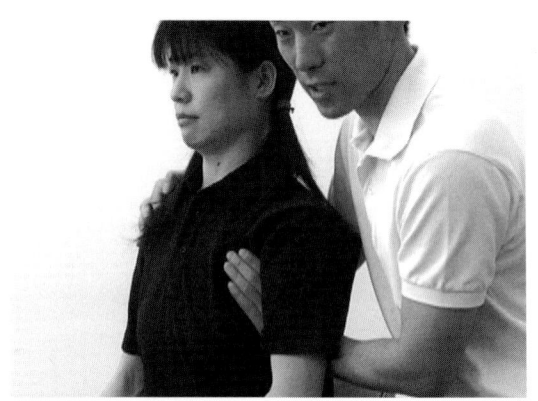

図2-2　介助者の手の位置
介助者は相手の横に立ち，脇の下に手を添え，もう片方は肩に添える。

「揺らしとシンクロ」を用いた椅子からの立ち上がり
☞ DVD 2-1a

るだけで，特別なことは何もないようです。しかし，実はⅠ〜Ⅲのような工夫を行っています。

　文章で書くと複雑ですが，たとえていえばサーフィンのようなものです。「揺らし」によって相手の身体に起こった「波」に乗ることで，わざわざ筋力を使わなくとも，楽に立ち上がり介助ができます。うまくいくと，双方ともにふわりと浮き上がったような感覚が味わえます。まさに，筋力に頼らない省エネ介護です。

　「でも，これって現場では通用しないんじゃない？」という声もあるでしょう。確かに，この方法はある程度ご自分で立ち上がりが可能な程度の脚力があるという，限定条件でしか通用しません。しかし，相手の動きにシンクロ（同調）することによりチカラを引き出すという原理そのものは，他の技術にも応用が可能です。次にご紹介する「武術遊び」と合わせて，職場の仲間と遊び感覚で練習すれば，きっと現場で使える身体の使い方のヒントに出会えると思います。

>> 武術遊び「引き落とし」

武術遊び「引き落とし」
☞ DVD 2-1b

　図2-3をご覧ください。これは現場では絶対にしてはいけないことですね（苦笑）。でも，あえて一般的な介護とは逆のことをやってみることで，見えてくることもあります。休憩時間に仲間とゲーム感覚でやってみてください。

　体格が同じくらいであれば，片手で倒そうとしても，普通なら我慢されてしまいます。ところが，相手の揺れにうまくシンクロできると，ほとんど力まずに，簡単に引き落とすことが可能なのです。図2-3の①で，あえて相手に踏ん張ってもらっているのもこの遊びのポイント。普通に考えると，力を入れたほうが倒

図2-3 武術遊び「引き落とし」
Ⅰ. 相手の肩に手を置く。相手には足を踏ん張ってもらい、十分に耐えてもらう（①）。
Ⅱ. 相手の微妙な揺れにシンクロしながら椅子へと引き落とす（②）。

れにくそうなのですが、この場合は、相手が力んで、踏ん張っていたほうが簡単に座らせることができます。どうしてでしょう？

>> 人間は常に揺れている

眼を閉じて立っていると、自分が揺れていることがわかります。そう、人間は止まっているつもりでも、実はほんの少し揺れているのです。人間は揺れることによりバランスを絶えず微調整しています。引き倒されそうになったときや、転びそうになったときにうまくバランスがとれるのも、この「揺れ」があるおかげです。

力んで踏ん張ってもらったほうが「引き落とし」が簡単に決まるのは、力を入れることによって、この「揺れ」が制限され、コントロールしやすくなるからです。仮に相手がマネキン人形だったら「引き落とし」なんて、簡単ですよね。それは、マネキンには人間のような揺れがないからです。

現在の高層ビルの地震対策は、ビルそのものが揺れることで、地震の振動を吸収する仕組みになっています。昔はがっちりと土台を固めて地震に耐えようとしていたのですが、それでは振動をもろに受けて倒れてしまう。揺れているほうが、踏ん張っているよりも強いのです。人間にも同じようなことがいえるのではないか、と思います（図2-4）。

「椅子からの立ち上がり介助」や「引き落とし」の技術は、こうした人間の「揺

図2-4 揺れているほうが強い？
耐震構造の建物は、自らが揺れることで安定感を保つ仕組みになっている。

れ」を上手に利用した技術です。相手のわずかな揺れを感じ、それにシンクロすることによって、楽に立ち上がらせたり、逆に引き落としたりすることができるということです。

　もちろん、相手の揺れを利用するわけですから、うまくいけば、マネキン相手よりも楽に、相手を「引き落とす」ことができます。また、「椅子からの立ち上がり介助」では、はじめに相手を揺らして反応を引き出していましたが、相手の揺れを感じることができれば、こちらから揺らすことなく、相手の揺れにシンクロするだけで立ち上がらせることも可能です。この場合、外から見ると、触れただけで立ち上がらせているように見えます（かなり難しいですが）。

>>「社交ダンス」からの発想

　以前、古武術の身体技法を取り入れている社交ダンス講師の方と交流させてもらったときのことです。その方は、お互いの手を合わせると「手を動かし、押したり、引いたり、自由に動いてください」といわれました。合わせた手を思いのまま動かしてみたところ、その方は、まるで足にキャスターがついているかのようにその動きを増幅し、ダンスにして表現してくれたのです。

　社交ダンスというと、手取り足取り型を教えるものだと思っていたのですが、その方はまるで違う発想でアプローチしていました。相手の動きを増幅し、表現する。介護にも通じる発想だと思いました。

　介助者側が一方的に「してあげる」のではなく、被介助者の反応を引き出し、

それを発展した形でお手伝いする。椅子からの立ち上がりも，被介助者を揺さぶって立ち上げるだけだと，相手には「立たされた」という受け身の感覚しか残りません。しかし，この社交ダンスのように，自分の動きが介助者によって増幅され，立ち上がることができた，という感覚を持てれば，被介助者に受け身ではない，主体としての自尊心が生まれるのではないでしょうか。

　介助を受ける相手に動きの「起源」を担ってもらい，私たちはそれを最大限に大きな波となるように表現する。それは，言葉ではない，身体を通してのコミュニケーションといえるでしょう。

>> 推理小説を読むように!?

　「揺らしとシンクロの原理」は単独で劇的な効果をもたらすものではありません。しかし，このあとご紹介するさまざまな原理と有機的に組み合わさることによって，大きな効果を発揮します。ちょうど，推理小説で何気ない小道具が，あとあと事件解決の鍵となるような展開と似ています。6つの原理を一通り体験していただければ，そうだったのか！　と気がつくことが増えてくると思います。推理小説を読む感覚で，頭と身体で楽しんでいきましょう！

>> 原理その2：構造

　2つ目の原理は「構造」です。ここではベッドや布団などの床上で寝ている方の上体起こしの技術を通して原理を解説します。現場ではよく使う技術ですが，普通に起こそうとするとかなり負荷がかかり，身体を痛める方も少なくありません。そこで，なるべく筋力を使わず，身体を痛めるリスクも軽減する身体の使い方をご紹介します。

>> 「手のひらを返すように」チカラが出る!?

「構造」を用いた片手上体起こし（上体起こし ver.1）
☞ DVD 2-2a

　まず，通常の方法との違いをわかりやすく実感するために，「片手での上体起こし」に挑戦してみましょう。もちろん，現場でやってはいけません（笑）。あくまでも新しい身体の使い方を覚えるためですので，身体に無理がかかったらすぐにやめるようにしてください。まずは通常行われている，手のひらから入れる方法です。

　もちろん，被介助者は介助者を手伝うようなことはしません。これだと，ほとんどの皆さんは腕相撲のように腕に力を入れて起こそうとしますが，うまくはいきません。「腕相撲のチャンピオンみたいな人じゃないと無理でしょ」という言葉も聞こえてきそうなくらい，片手で起こすのは大変です（図2-5）。

　さて，では一工夫加えてみましょう。先ほどの方法との違いはただ1つ。被介

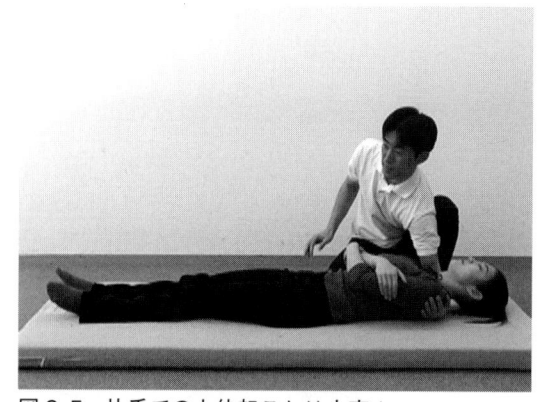

図2-5　片手での上体起こしは大変！
Ⅰ．相手の首の後ろに手のひらから腕を入れ，肩を抱く。
Ⅱ．その姿勢から，相手の上体を起こす。
この方法では，ある程度筋力があるか，相手の協力がなければうまく起こせないと思います。

助者の首の後ろに手を入れるときに,「手のひらから入れるのではなく,手のひらを返し,手の甲から入れる」,これだけです(図2-6)。単純な工夫ですが,コツをつかむとあまりにも楽に起こせるので,不思議な気持ちになると思います。文字通り,「手のひらを返すように」チカラが出るのです(図2-7)。

>> 武術遊び「手のひら返し」

武術遊び「手のひら返し」
☞ DVD◎ 2-2b

とはいえ,いきなり片手で起こすのは難易度が高いのはたしか。すぐにコツをつかめなかった方は,次にご紹介する「武術遊び」で,ひとまずそのチカラを実感するところからはじめてください。3人1組になり,背中を押す役,押される役,押された人が転ばないようにキャッチする役に別れ,図2-8のように行います。

図2-6 手のひらを返す
手のひらからではなく,手の甲から差し入れる。これだけで,身体の感覚は劇的に変化します。

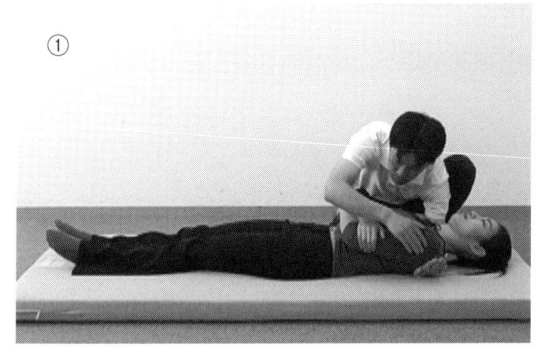

図2-7 「構造」を用いた片手上体起こし(上体起こし ver. 1)
Ⅰ. 被介助者の首の下に手を入れる際,手のひらからではなく,手の甲から入れる(①)。
Ⅱ. そのまま相手の身体を起こす(②)。

※首だけを抱えると負担がかかるため,肩全体を包み込むようにしましょう。

第2章 古武術介護の6つの原理 ● 21

図2-8 武術遊び「手のひら返し」
Ⅰ. 立っている相手の腰に手のひらから前腕を包み込むように当てて，押し出してみる。相手は踏ん張らず，力を感じたら前方に足を踏み出す（あまり踏ん張ると前のめりに倒れることがあり危険）。転びそうになったらキャッチ役が必ず支えること。
Ⅱ. 手のひらを返して同様に押し出し，双方の違いを感じる。

　いかがでしょう？　自分が押しているときはさほど実感できないかもしれませんが，押され役になると，手のひらを返したときに受ける，まるでふっ飛ばされるような予想外のチカラに驚かれたのではないでしょうか？

>> つな引きが謎解き

　手のひらを返すだけでどうして大きな力が出るのでしょう？
　手のひらをそのまま当てると，どうしても肘や肩を支点にして力を出そうとしてしまいます。しかし，手のひらを返すことにより，腕全体と体幹につながる肩が絞られます。その結果，肘，肩が自由に動かなくなり，手を動かそうとすると自然に身体全体が動くようになるのです（図2-9）。
　それぞれの関節にある「あそび」がなくなることで，身体全体の力がダイレクトに手まで伝わる。これが，「手のひら返し」のチカラの秘密だと私は考えています。
　たとえば，つな引きをするとき，つながたるんだ状態から引く人はいないですよね。つながピーンと張った状態から引きはじめないと，力が入りません。たるんだ状態は力が伝わるのにロスが多く，ピーンと張った状態はダイレクトに力が伝わるのです（図2-10）。
　つまり，手のひらを返すことにより，全身の力を効率よく伝える「構造」がで

「身体のあそびを取る」とは？
☞ DVD 2-2c

図2-9 手のひらを返すことで肩に張りが生じる

写真のように両手の手のひらを返すと，肩から背中にかけて適度な張りが生じます。肩（斜線の部分）の状態が変化することを体感してみてください。

図2-10 つなが張っていないと力は入らない

キツネさんの手
☞8頁

きあがるということです。第1章で「キツネさんの手」をご紹介しましたが，「手のひら返し」もこれと同じく，「構造」の原理の一種だといえるでしょう。

>> 「手のひら返し」を現場で使う

さて，この「手のひら返し」の工夫を現場の介助技術に活用してみましょう。ここでは「構造」を利用した上体起こしをご説明します（図2-11）。いくらチカラが出るといっても手の甲から被介助者の方を抱えたら，不安定になり両者とも安心できないですよね。そこで「相手の身体とのフィット感」と「構造の力を

第2章 古武術介護の6つの原理 ● 23

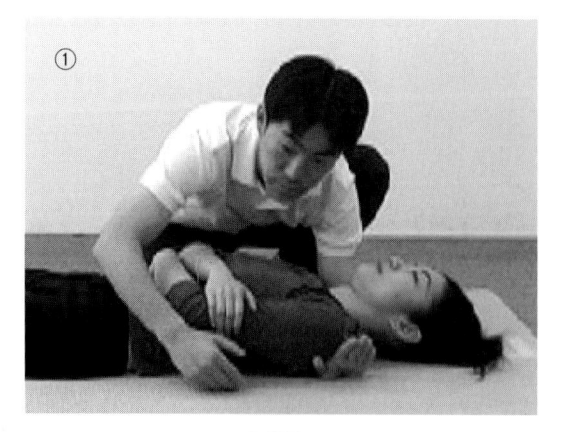

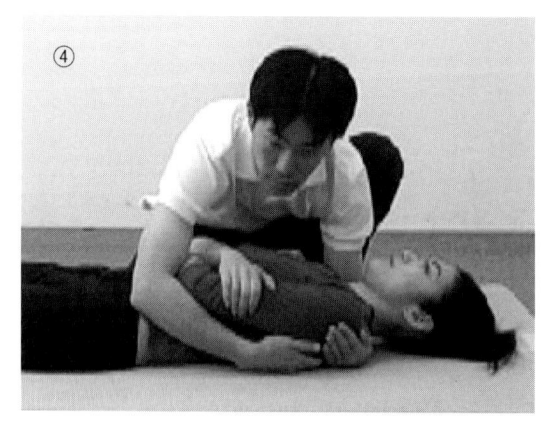

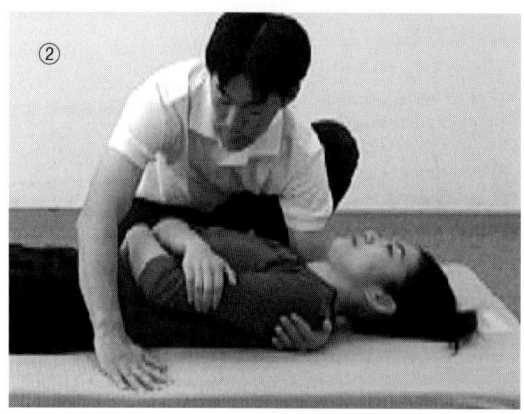

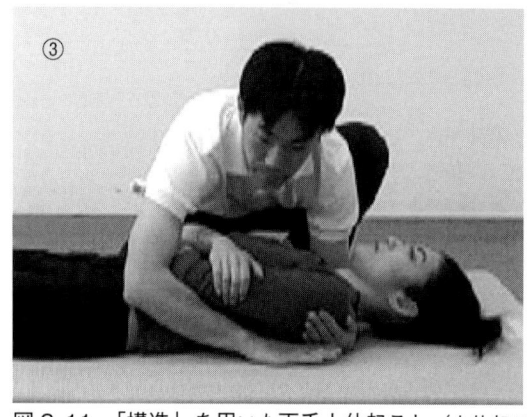

図2-11 「構造」を用いた両手上体起こし（上体起こし ver. 2）
Ⅰ. 相手の首の後ろに手の甲から腕を入れ（①），手首だけを戻し（②），手のひらで肩を抱く。
Ⅱ. もう片方の腕を，同じく手の甲から相手の肩の下に入れ（③），手首だけを戻す（④）。

※このとき，両肘はなるべく床から浮かさないことがコツです。

Ⅲ. 背中から肩にかけての「あそび」が取れた状態を維持したまま，相手を起こす（⑤，⑥）

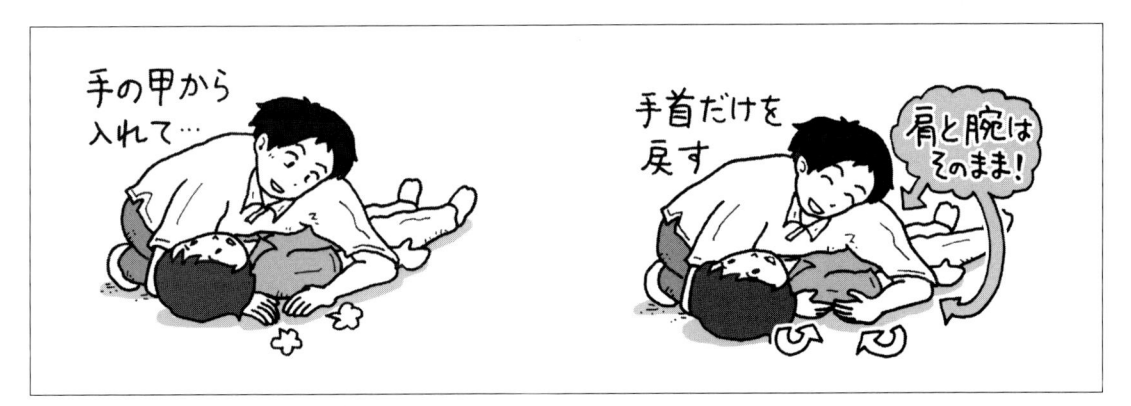

図2-12 手の甲から入れて手首だけを戻す

「構造」を用いた両手上体起こし（上体起こしver.2）
☞ DVD 2-2d

利用しやすい身体の状態の維持」を両立するため，身体の使い方を工夫します。

せっかく手のひらを返し，「構造」のチカラが出やすい身体の状態を作っても，漠然と手のひらから抱えて腕全体，体幹につながる肩の「絞り」を緩めてしまったのでは元の木阿弥です。そこで，手首だけを戻して，手のひらで肩を抱きます。こうすることによって腕と体幹の間の「あそび」を取った状態を維持したまま，相手の身体とのフィット感も同時に高めることができます（図2-12）。

またこのとき，肘を浮かさないことによって，相手に触れている腕全体でチカラを均等に伝えることが可能になります。肘を浮かしたまま持ち上げようとすると，「構造」が壊れて一箇所に力が集中してしまい，余分な力が必要となりやすいのです。片手でうまくいかなかった方は，ここを注意するとうまくいくかもしれません。

もっとも「構造」ができている状態を保てていれば，肘をつけることにこだわる必要はありません。あくまでも原理を身につける練習ポイントとして注意してみてください。

>> 肩甲骨の活用

「手のひら返し」による「構造」のチカラを発揮するためには，肩甲骨を意識することも重要になってきます。腕を動かすとき，普通は肩を支点にします。しかし，それでは「構造」のチカラを十分に発揮できません。手のひらを返すときに，肩甲骨を図2-13のように左右に広げることを意識してください。「構造」がより安定すると同時に，腕をより長く使えることがわかると思います。その結果，被介助者を包み込むような安定感も得られます。

肩甲骨を自由に使えるようになってくると，さまざまな動きに応用することが

第2章 古武術介護の6つの原理

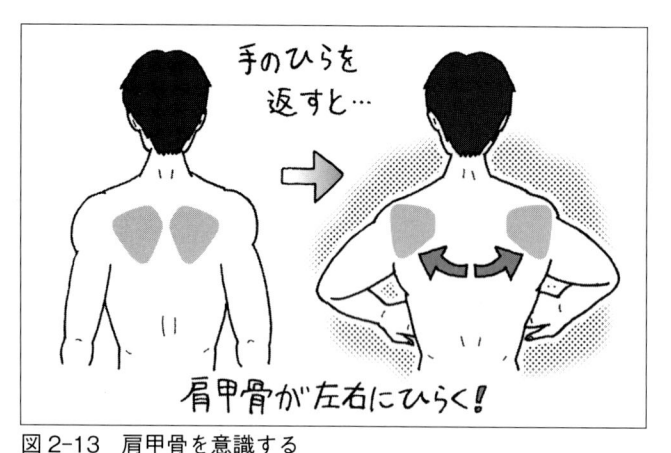

図2-13 肩甲骨を意識する
肩甲骨を意識することによって、より効果的な構造を作りだすことができます。図のように手のひらを返したとき、肩甲骨が左右にひらくことを意識してください。

可能となります。たとえば体位変換などで、相手を自分のほうに引きつけるときには肩甲骨を背中の中央に引き寄せ、押し出すときには左右に開いてみてください。こうした動きは通常腕力に頼ってしまいがちですが、無理なく行うことができます。

通常、肩甲骨の位置や働きを意識することはあまりないと思いますが、このように肩甲骨を引き寄せたり開いたりすることによって、さまざまなチカラを引き出すことが可能となります。実際に試してみるまでは、その差がわかりにくいと思いますが、現場の状況に合わせて、試行錯誤を重ねる材料の1つとして使ってもらえればと思います。

さて、これで「構造」を利用した上体起こしを行うことができました。しかし、無理のない上体起こしを実現するには、これではまだ「半分」です。3つ目の原理である「重心移動」を組み合わせることで、「構造」のチカラをより効率よく、介助動作に活かすことができます。

>> 原理その3：重心移動

　原理その2の「構造」を用いた上体起こしは，3つ目の原理である「重心移動」と組み合わせることによって，さらに効率よくその力を発揮することができます。ここでは引き続き上体起こしを通して「重心移動」の原理を解説します。

>> 捨て身技に学ぶ重心移動

「重心移動」を用いた上体起こし（上体起こし ver.3）
☞ DVD 2-3a

　重心移動と一口にいっても，いろいろな方法があります。まずはその効果を実感するために，「重心移動」を用いた上体起こしにチャレンジしていただきたいと思います。

　最初にお断りしておきますが，この技術は，実際の現場で使用するものではなく，身体の使い方を感じ，学ぶためのものです。「相手をまたぐなんてとんでもない！」と考えずに，身体を使った遊びとして，気軽に取り組んでいただければと思います。

　一見したところ何も難しいことはありませんし，自分が倒れたことによりチカラが生まれ，相手が起き上がる仕組みも単純明快だと思います。これは，武術でいうところの「捨て身技」（図2-14）の応用です。なじみがあるところですと，柔道の「巴投げ」が捨て身技にあたります。また，力の使い方としては，滑車を

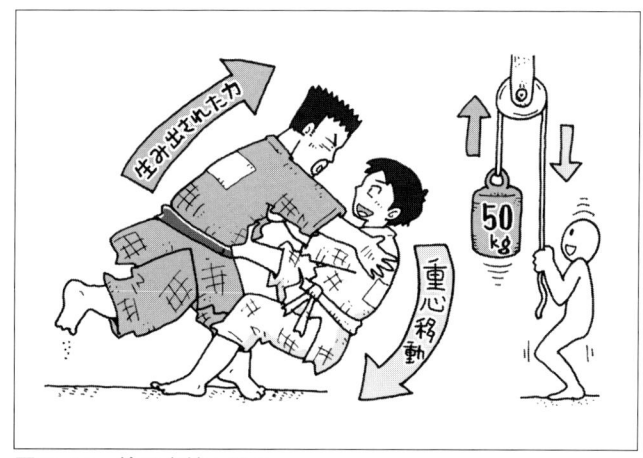

図2-14　捨て身技とは？
柔道の巴投げなどの捨て身技，あるいは滑車で体重をかけて物を持ち上げるときには，腕の筋力はほとんど使われていない。これらはすべて自分の体重から生み出される力を有効活用している。

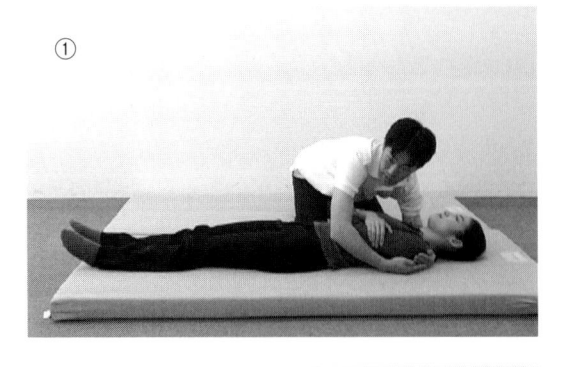

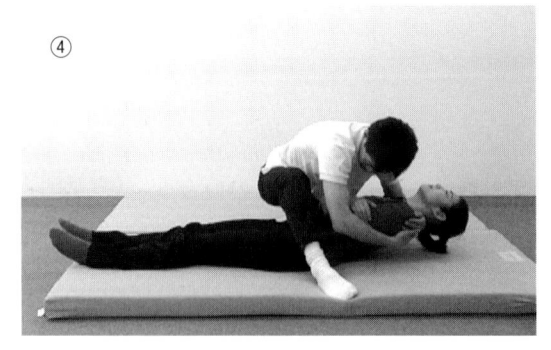

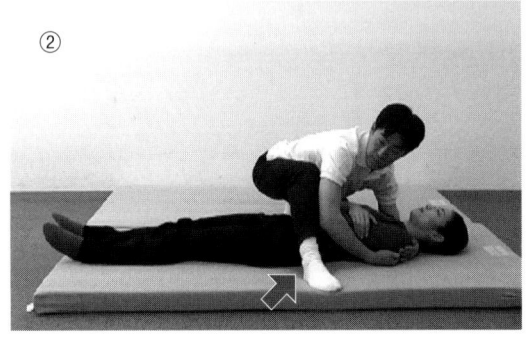

図 2-15 「重心移動」を用いた上体起こし（上体起こし ver. 3）

Ⅰ．相手の首の後ろに手の甲から腕を入れ，手首から先を戻し，手のひらで肩を抱く．もう片方の手も同じ要領で相手の肩を抱く（①，図 2-11 参照）．

Ⅱ．相手をまたぎ，腰の辺り（矢印参照）に足を置く（②）．

Ⅲ．頭を相手の肩につくくらいに近づけて（③），自分と相手との距離が変わらないようにしながら，自分が倒れると，相手の上体が起きてくる（④，⑤）．

使って物を持ち上げるときに，自分の体重をかけるのと同じです．それでは「重心移動」を用いた上体起こしを体感してみてください（図 2-15）．

>> 筋力を信じていると出せないチカラがある

「重心移動」を用いた上体起こしは，写真やDVDをみるとだれにでもできそうに見えますが，案外，はじめてやる方はうまくいかないことが多いのです。

講習会に来られた方では，後ろに倒れようとしたときに腕の力で相手を引きつけようとして失敗するケースがとても多く見られます。「相手を起こそう」という意識が強いと，どうしても腕に力が入り，重心のスムーズな移動にブレーキをかけてしまうのです。

腕は相手の身体をフックして，固定するだけ。あとは自分が後ろに倒れることができれば，自分の体重がそのまま相手を起こす力につながります。筋力以外のチカラをもっと信頼してみましょう。

>> 安定すると出ないチカラ，不安定だと出るチカラ

腕に力が入ると，重心移動がうまくいかなくなるのはなぜでしょう？

腕に力を入れるとき，私たちは身体を安定させようとします。足腰を固定させて，そこを支点にして踏ん張ろうとするのが「筋力」の常識です。

ところが，捨て身技の応用である「重心移動のチカラ」は安定した状態では発揮できません。あえて，安定した状態を捨て，積極的に不安定な状態になることによって，はじめて自分の体重を利用した大きなチカラを生み出すことができるのです。

よく考えてみるとこれはそれほど不思議な話ではありません。たとえば，転倒によって骨折などの大きな怪我をしてしまうことがありますが，これは「転ぶ＝急激な重心移動」によって生まれた大きなエネルギーによるものといえます。不意に転ぶのは不利益にしかなりませんが，計画的に，上手に「転ぶ＝不安定になる」ことによって，大きなチカラを生み出し，利用することができるということです。

車を運転しているとき，下り坂ではアクセルを踏まずにクラッチを切り，ハンドル操作だけで進むことができます。身体も，「不安定を使いこなす」ことで大きなチカラを出すことができるのです。実際，講習会ではごく普通の主婦の方が自分の倍近くもある男性をラクラク起こしてしまう光景も珍しいものではありません。

>> 原理1～3を併用した上体起こし（上体起こし ver.4）

　さて，原理その1「揺らしとシンクロ」，原理その2「構造」，原理その3「重心移動」の3つの原理を，上体起こしにフル活用してみましょう（図2-16）。

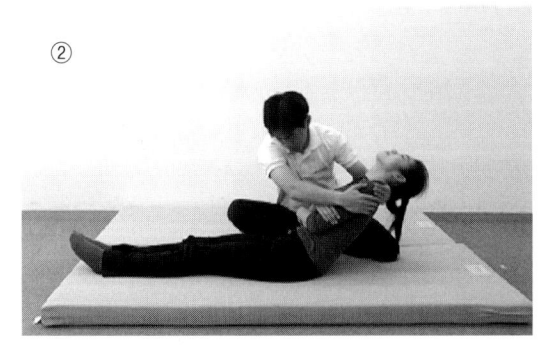

図2-16　原理1～3を併用した上体起こし（上体起こし ver.4）
Ⅰ．相手の肩の下に膝を入れ，「手のひら返し」を使って両手で相手の肩を抱く（☞23頁）。
Ⅱ．額を相手の肩につくくらいまで近づけ，前後に揺らし，相手とシンクロ（同調）する（①，「揺らしとシンクロ」☞15頁）。
Ⅲ．相手の「揺れ」が自分のほうに来たときに後方に倒れこむ（④）。相手が浮き上がってきたら（②），さらに横へ重心移動の方向を変化させ（⑤），上体を起き上がらせる（③，⑥）。
※ ①～③：アングル1，④～⑥：アングル2

原理1～3を併用した上体起こし（上体起こしver. 4）
☞ DVD 2-3b

　3つの原理を巧みに組み合わせることによって，従来の方法に比べて効率よく，かつ現場でも問題なく活用できる上体起こしの技術となります。
　この方法では「揺らし」によって，相手の身体を（重心移動によってコントロールしやすい）不安定な状態に導き，重心移動へとつなげています。また，重心移動のチカラが効率よく伝わるよう，「手のひら返し」で身体からあそびを取り，チカラが伝わりやすい「構造」を保つようにしています。
　また，重心移動を用いた上体起こしとは異なり，相手をまたがず，倒れる方向を途中から変化させることによって相手の起き上がり動作をコントロールしています。患者さんの自然な起き上がりに沿うように，こちらの重心移動をコントロールできればベストです（図2-17）。
　講習会に参加していた看護師の方から，この方法は患者さんに負担をかけるのではないか，というご指摘がありました。
　身体介助技術の原則とされていることの1つに，「人間の自然な動作に合わせる」というものがあります。仰臥位からの起き上がりのとき，人間は腹筋運動のようにまっすぐ身体を起こすのではなく，左右どちらかにいったん上半身を倒し，頭が半円を描くように起き上がります。だから介助する場合も，その動作を再現させる形で行うべきである，という考え方です。
　上記のご指摘は，古武術介護の方法では「患者さんの自然な上体起こし動作」を再現することができないのではないか，ということだと思います。
　しかし「古武術介護」は，こうした従来の身体介助技術の原則と相容れないものではない，と私は考えています。第1章でご説明したように，パソコンでたと

図2-17　重心移動の方向を変化させる
起き上がりの軌道は1人ひとり異なります。重心移動のコントロールが巧みになればなるほど，1人ひとりに合わせた，より洗練された介助技術になるでしょう。

えるなら古武術介護は「OS」です。ここでご紹介した上体起こしでも，倒れる方向を上手にコントロールすることによって，「人間の自然な起き上がり動作」を再現させることが可能ですし，それができれば，相手にとってより負担の少ない，優れた介助技術になると思います。

　また，現場では「人間の自然な起き上がり動作」を再現することができない障害を持った方もいらっしゃいます。それぞれの方に合った介助を提供するには，健康な人間を基準にした，画一的な技術だけでは十分ではない，と私は考えます。

　いずれにしても，古武術介護では，なるべく「これが正解」という形で1つの方法に固定することは避けたいと考えています。皆さんが現在行っている技術や原則に照らして，使えそうだと思う原理を取り入れていただき，自分自身と相手に合った，新たな介助技術を作るきっかけにしてもらえたらと思います。

　なお，ここでは床上の上体起こしを紹介しましたが，施設内でもっとも重要と思われるベッド上での上体起こしについては，第3章でいくつかバリエーションをご紹介します。こちらについても，あくまでも1つの方法として，考え方のヒントにしていただけたらと思います。

>> 原理その4：バランスコントロール

　原理その4は，「バランスコントロール」です。ここでは長座状態からの立ち上がり介助を例にとって解説します。原理その3である「重心移動」を活用しますが，身体のバランスコントロールをさらに精密にすることによって，通常では考えられないチカラを発揮する方法をご紹介します。

>> 長座位からの立ち上がりを1人で介助！

　車椅子やベッドから被介助者の方がずり落ちてしまい，持ち上げなければいけない。その他の場面においても，長座状態からの立ち上がり介助は，1人で力まかせに行うと介助者の腰に相当な負担がかかってしまうため，施設でも家庭でも直面する非常に困難な問題だと思います。

　図2-18では，被介助者の後ろから手を回し，胴をしっかり持ち，両足を踏ん張って土台を安定させ，足腰に力を入れて持ち上げています。これは一般的な力の使い方だと思いますが，これではよほど筋力があるか，体重差がない限り，なかなか持ち上がりません。実際，現場でもこの形から無理に持ち上げようとして，腰を痛める方がいらっしゃいます。

　こうしたケースでは，以下にご紹介する「添え立ち」を活用することで，介助

図2-18　筋力に頼った長座位からの立ち上がり
この状態から無理に抱え上げようとすると，腰を痛めたり，ひきつれてしまって相手の脇や股間に負荷をかけてしまうことになりがちです。

者・被介助者双方に負担をかけずに介助することができます。「添え立ち」には，ここまでご紹介してきた「チカラ」が複合的に使われていますので，図の解説をよく読んで，決して無理をせず，取り組んでみてください。

>> バランス感覚が鍵！「添え立ち」のポイント

添え立ち（図2-19）の1つ目のポイントは「自分の腕を自分の膝で挟む」ということです。普通に相手の胴に腕を回すと「相手の胴を挟み，固定する」ため

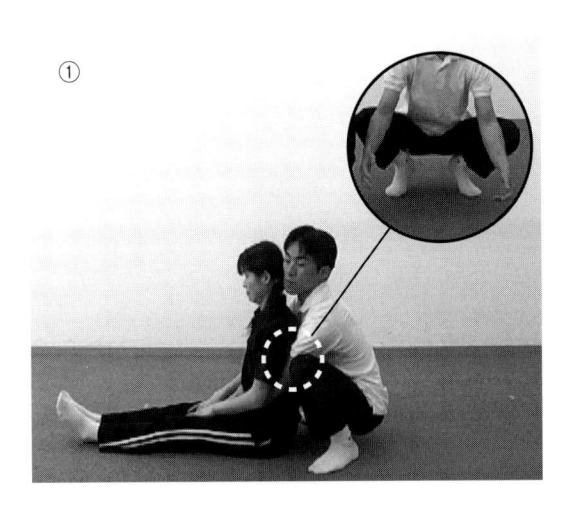

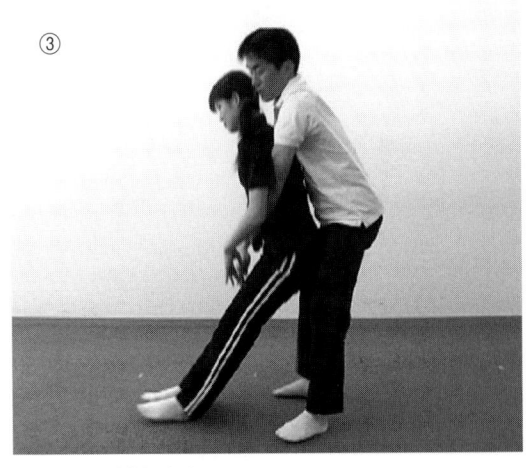

図2-19 添え立ち
Ⅰ. 両足を肩幅に広げてしゃがみ，自分の腕を自分の膝と相手の胴の間に挟み，相手の胴に手を回す（①）。足を置く場所は足裏感覚で決定。
Ⅱ. 後方へ倒れつつ，お尻を上に突き上げていく。後ろに倒れる力と，上方向に立ち上がる2つの力が合成されて，斜め後ろ方向の力が生じる（②）。
Ⅲ. うまくいくと，ほとんど腕の力を使わなくても相手が立ち上がってくる（③，④）。

長座からの立ち上がり介助（添え立ち ver.1）
☞ DVD 2-4a

キツネさんの手
☞ 8頁

に腕の力を使ってしまうことになります。腕を膝の内側に挟みこむことで，腕の力を使わずに，両腕で相手の胴をロックすることができます（図2-19①）。

また，胴に手を回したときには，「キツネさんの手」を利用するとさらに強力です。中指と薬指を曲げ，その2本の指だけをもう一方の手の手首に引っ掛けるようにします。これも，できるだけ余計な筋力を使わずに腕をロックするための工夫です。

2つ目のポイントは足の位置。これが「添え立ち」の要となりますが，重要なのはこれを「足裏感覚」で決めることです。図2-19の①の体勢から少しだけ後方に倒れてみてください。自分と相手との間にバランスが保たれるような「足裏感覚」が生じたら，そこがベストポジションです。

体勢ができたら一度，後方へ倒れこんでみましょう。すると，自分と相手が尻もちをつくような状態で，ずるずるっと相手を後方へ引っ張ることができると思います（図2-20）。このとき，自分の力はほとんど使ってないのに相手を引っ張れたということに注目してください。筋力を使わずに後ろに引っ張る。これだけでもベッド上での移動などに活用可能な技術ですが，「添え立ち」ではさらに，上方向の「立ち上がる」動きを加えなければいけません。

図2-19の②を見てください。立ち上がりの瞬間です。ちょうどエビが後ろに泳ぐような姿勢です。相手との間に常にバランスを保ちながら（つな引きのつながピーンと張ったような状態で），斜め後方に倒れていくことによって，立ち上がらせるのです。つまり，後ろに倒れていく力と，上に行く力の合成によって，

図2-20 添え立ちの練習方法「尻もちをついて引っ張る」
添え立ちは最初のうち，どうしても「後ろに倒れる」恐怖心が伴います。しかし，恐怖心を感じているうちはどうしても自分だけでバランスを取ってしまい，「相手の身体に自分の身体を支えてもらう」感覚が生じません。図のように尻もちをついて引っ張ることを繰り返す中で相手の身体に支えられていること，決して後ろに倒れることはないということを身体に確認させてください。

第2章 古武術介護の6つの原理

斜め後方のチカラを生じさせるわけです。

　このとき，ついつい日常の癖が出てしまい，腕の筋力で相手を引き上げようとしてしまう方がよくいらっしゃいます。しかし，筋力を出すためには足場を安定させなければならないため，その瞬間，後ろへ倒れる動きが止まってしまうことになります。その結果，筋力のみで持ち上げるような形になってしまい，失敗してしまいます。

　また，後ろに倒れてしまう恐怖感から，立ち上がりはじめたときに足を踏ん張ってしまう方も多いようです。これも同様に，失敗の原因になります。後ろに倒れる恐怖心を克服するためには，「尻もちをついて引っ張る」練習がお勧めです（図2-20参照）。

添え立ちの練習方法
☞ DVD 2-4b

　このバランス感覚は，前回の重心移動よりもさらに難しい感覚だと思いますが，うまくいくと相手はまるで浮き上がるように，すっと立ち上がってきます。通常の方法との差は歴然ですので，同僚と練習する場合は交代で相手役も体験してみてください。私自身（体重57 kg），最近の講習会で105 kg の方を楽に立ち上がらせることができました（周囲はもちろん，私自身もかなり驚きました）。

>> 介助する人が介助される⁉

　もちろん「添え立ち」は万能ではありません。介護現場にはいろんな方がいらっしゃいますから，使えない場面も多いでしょう。そもそも介助者を2人以上確保できるなら，そのほうが絶対に楽で安全です（笑）。

　しかし，たとえ実際に使うことがなかったとしても，「添え立ち」を練習する意味はあると私は思います。それは，「添え立ち」を練習することを通じて，新たな身体の使い方，ひいては発想の転換を体験できるからです。

　通常の介護では，介助者の力で被介助者を動かします。しかし「添え立ち」では，介助者が倒れるのを被介助者に支えてもらい，両者のバランスの中で生じたチカラを活用しています。「立たせた」のでなく「結果として立ち上がった」のです。これは，介助する人が，介助される人に助けられている関係ともいえるでしょう。「添え立ち」は，こうした古武術独特の「発想の転換」を積み重ねてできています。ぜひ，ご自身の身体で発想の転換の楽しさを実感してください。

>> 難易度は「自転車」程度

　とはいえ，この解説を読んで「添え立ち」に取り組まれたとしても，かなり苦戦する方が多いと思います。また，後ろに倒れるということについて，「危険で

実用的ではない」という感想もあるだろうと思います。

確かに，練習せずにいきなり行うと危険です。無理をして失敗すると腰を痛めることもあります。しかし，極端に危険で難しいわけでもありません。私がこの技術を覚えるときに感じた個人的な実感としては「自転車の乗り方を覚える」くらいの難易度です。また，危険性という点でいっても，この2年間で私自身が一度も腰を壊していないことからも，自転車と同様，しっかりと身につけてしまえばそれほど危険なものではない，ということがご理解いただけると思います。

自転車というのは，冷静に考えると不安定で危険な乗り物です。しかし，多くの人が練習によってバランス感覚を養い，乗りこなしています。もし，安全第一だからと補助輪をつけることを義務づけられていたら，ずいぶん乗りにくくなるでしょうし，ここまで普及することもなかったでしょう。自転車は不安定だからこそ動きやすいのであり，それをコントロールしているのは，訓練されたバランス感覚なのです。

「添え立ち」も，自転車と同じくバランス感覚がポイントです。小さなころは転んだりしながら，ずいぶん自転車の練習をしましたが，気がつけば乗れていましたよね。ちょっと昔に戻ったつもりで楽しみながら練習すれば大丈夫。みなさんの中にあるバランス感覚が目覚め，実践でも使いこなせる技術になると思います。

添え立ちの注意点
☞ DVD 2-4c

●添え立ちを練習するときの注意点

講習会全体を通して，怪我をされる方というのは決して多くないのですが，そのほとんどが，この「添え立ち」を練習している最中に腰を痛められた方々です。決して無理をしないこと，慣れないうちは体格差のない方とペアを組むこと，違和感を感じたらすぐに中止することなどにしっかり留意していただければ危険はないと考えています。しかし，稽古に熱が入るとそうした注意を忘れてしまいがちです。十分に注意をして取り組んでいただければと思います。

具体的なポイントとしては以下の点に注意し，介助役，相手役を交代しながら，お互いにアドバイスをしながら練習してください。

① 力まない：特に，腰を支点にして力まないように。「力が入った」と思ったらすぐにやめる。

② 手の位置：上すぎると，相手の脇腹を絞ってしまいます。おへそぐらいの位置に回すとよいでしょう。

>> 原理その5：体幹内処理

　5つ目の原理は，表面からは見えにくい，体の内部を有効に動かし，大きなチカラを出す「体幹内処理」の原理です。ここではまず，武術遊びでその感覚を体験したうえで，ここまでに紹介した「上体起こし」「添え立ち」をさらに技術として深めていきたいと思います。

>> 武術遊び「骨盤崩し」

武術遊び「骨盤崩し」
☞DVD 2-5a

　「体幹内処理」の感覚をつかむために，まずは武術遊び「骨盤崩し」をやってみましょう。図2-21を参考に，小さな動きから大きなチカラが生み出せることを体感してください。
　いかがでしたか？　図2-21のⅡの，腕力で引かれるほうは予想がつく力だったと思います。しかし，Ⅲの，骨盤をわずかに操作して得られたチカラは予想外に大きなものだったのではないでしょうか。
　もっとも，違いを実感できなかったという方も多いでしょう。「引っ張ろう」という意識が強いと，ついつい筋力に頼ってしまいます。そういう方はまず，1人で立って，骨盤のわずかな動きで起こるチカラを感じてみてください。
　普通に骨盤を前に出しても重心が崩れる感覚はありません。しかし，全身の力を適度に抜いた状態を維持したまま，骨盤だけを前に突き出すことができれば，

図2-21　武術遊び「骨盤崩し」
Ⅰ．向き合って，お互いが手を伸ばし，相手の手首を握る（①）。
Ⅱ．はじめは腕力で相手を引いてみる。
Ⅲ．次に全身をリラックスさせ骨盤のみをわずかに前に突き出す。重心が崩れ，後ろに倒れそうになったら，そのチカラをそのまま受け手に伝える（②）。
※受け手はあまり抵抗せず，Ⅱ，Ⅲそれぞれの違いを感じるようにしてください。

後ろに引っ張られるように体勢が崩れていきます。「骨盤崩し」では，この「バランスが崩れるチカラ」を感じてほしいと思います。

　人間は無意識のうちに「倒れない」ように身体をコントロールしています。違いを実感できなかった方の場合，骨盤を出したときに崩れたバランスが，瞬時に足腰の筋力によって回復されているのだと思われます。こうした無意識のバランスコントロールを意識的に「外す」ことによって，戦略的に身体のバランスを崩し，「筋力でないチカラ」を引き出すのがこの武術遊びの目的です。

　このような「筋力でないチカラ」にとって，転倒しないようにバランスをとっている筋力は，いわばブレーキです。つまり，骨盤崩しによる「チカラ」は，筋力によるブレーキを外すことによって解放される「チカラ」ということができます。

>> 体幹内の「動滑車」にスイッチを入れる

　それでは，武術遊び「骨盤崩し」で体験した感覚を「添え立ち」に応用してみましょう（図 2-22）。この原理を利用すると，前回の「添え立ち」よりもさらに垂直に立ち上がらせているように見えるため，しばしば足腰の筋力で相手を持

図 2-22　骨盤の動きと全身の感覚の変化
身体はまっすぐのまま，骨盤をわずかに下げて前方に出すようにする（❶）。すると，腕が上がり，脚が伸び上がる感覚が自動的に出てくる（❷）ので，その感覚に合わせ，相手と一体になって立ち上がる。

第2章　古武術介護の6つの原理

ち上げているように誤解されます。しかし，やってみればわかりますが，相当足腰を鍛えても，筋力で同じことをやるのは難しいのです。

添え立ち
☞ 34頁

添え立ちの技術そのものは同じです。違うのは，立ち上がる瞬間に骨盤を操作することによってチカラを引き出しているところです。これまでの技術は外から見て比較的理解しやすかったと思いますが，今回はほとんどが文字通り「体幹内」の骨盤を起点に行われているため，表面上は何をやっているか，どこが違うのかは非常にわかりにくいと思います。

「体幹内処理」を用いた添え立ち（添え立ち ver.2）
☞ DVD 2-5b

上体起こしについても同様に「体幹内処理」を用いることによって，よりスムーズな介助を行うことができます（図2-23）。

「体幹内処理」を用いた上体起こし（上体起こし ver.5）
☞ DVD 2-5c

添え立ちのときには，骨盤を前にずらすことによりチカラを出しました。しかし上体起こしの場合には，左右の骨盤を上下にずらすように使います。もちろん，現実には骨盤が大きく上下にずれることはないので，あくまで感覚です。左右の骨盤がわずかに上下した感覚を全身に丁寧に伝えていくと，結果として左半身，右半身が働き，上体起こしのチカラが生まれます。ちょうど，両肩と骨盤が描く四角形の左右両辺がずれて，平行四辺形になるような感覚です。表面からは見えにくいのですが，骨盤がずれる小さな動きが全身に伝わり，雪だるま式にチカラが増えていくことを，ご自身の身体で感じてください。

どんな技術でもそうだと思いますが，技術が洗練されるにつれて無駄な動きがなくなり，表面上の動きがわかりにくくなっていきます。

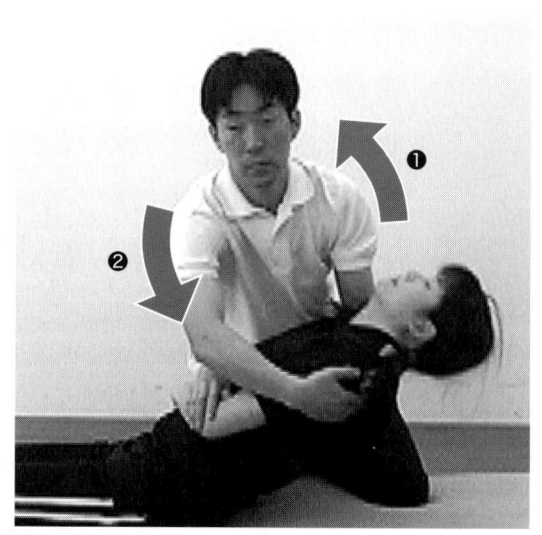

図2-23　上体起こしの際の「体幹内処理」の感覚
左半身（❶）と右半身（❷）が互い違いに働き，体内で動滑車が動いているような感覚が生じる。

重心移動
☞ 27頁

原理その3「重心移動」が「滑車」だとすれば，「体幹内処理」の原理は，ちょうど複数の動滑車が動いているような感覚があります。滑車は力の方向をコントロールするだけですが，複数の動滑車を組み合わせることで相手の重さが半分，1/4……となるのは理科の授業で習った通りです。骨盤を前に出すと，それがスイッチとなって，身体の中に眠っていた動滑車が一気に動き出す。そういう感じをつかめれば，思いのほか楽に相手の身体が持ち上がってきます。逆にそういう感覚がつかめないときには，危険ですので無理に力で持ち上げないでください。

>> 微妙な角度を感覚でコントロール

この技術では，骨盤の角度のわずかなズレが，大きく効果を左右します。

以前，身体障害者の方と街のバリアフリーを考える調査で，一日車椅子で過ごしたことがありました。その中で印象に残ったのが，普段，平らだと思っているような道が，意外にも角度がついていたということです。歩いているときは気がつかなかったのですが，車椅子に乗ると，その角度を強く実感しました。

分度器上では小さな角度（おそらく1，2度）に思える差が，車椅子には大きな影響を与えてきます。それと同じように，骨盤の角度も少しずれるだけで，大きく効果が変わってくるのです。

骨盤の角度については具体的に何度くらい，ということはいえません。あくまでも，身体の内部の感覚によって調整するしかないのです。他人の決めた基準に従うのではなく，自分自身の中にある「感覚」を発見していく作業を楽しむことができると，意外に早く「体幹内処理」を実感できると思います。

>> 「自分の身体」を探検する

ただし，「体幹内処理」の原理に関しては，こうした私の説明が本当に正しいのか，ということは実のところよくわかりません。そもそも身体の中でどのようなことが起こっているのかを科学的に分析したり，正確に伝えることは不可能に近いですし，仮にバイオメカニクス的な研究が進んで，「正しい」説明が可能となったとしても，習得するためには個人個人の感覚を頼りに練習するしかないだろうと思います。

ですから，今回の解説，特に身体内部の感覚に関しては，あくまで私個人のものとしてご理解いただき，取り組みへの参考としていただきたいと思います。古武術介護は，やっていることは非常に具体的なのですが，方法を解説しようとするとどうしても抽象的になってしまいます。しかし，単純に「できる」「できない」

ではなく，まずは自分自身の身体に向き合っていただければと思います。古武術介護を通して，他人によって規定された身体を見直し，自分の身体を自ら探検し，発見する楽しさを実感してください。

>> 原理その6：足裏の垂直離陸

　原理その6は足裏を踏み締めず，浮かすように使う「足裏の垂直離陸」の原理です。これを利用した抱え上げの技術「浮き取り」を通して，原理を解説したいと思います。

>> 足裏の垂直離陸で抱え上げる―「浮き取り」

椅子からの抱え上げ（浮き取り ver.1）
☞ DVD 2-6a

立位からの抱え上げ（浮き取り ver.2）
☞ DVD 2-6b

　まずは論より証拠，「浮き取り」の技術を見ていただきましょう。現場の介護でもっとも苦労するのは，全介護状態の方をベッド，車椅子，トイレなどへ移動させることだと思いますが，「浮き取り」は，相手を1人で抱え上げてしまう技術です（図2-24）。一般的な身体の使い方でこれを行うのはかなり難しいと思います。

　前回までと同様，ここでもこれまでに紹介してきた原理が組み合わされていますが，皆さんが疑問に思われるのは何といっても図2-24の説明に登場する「垂直離陸」という言葉でしょう。

　「足裏の垂直離陸」とは，踵やつま先で感じる重さに偏りがないまま，垂直に浮き上がっているような感覚のことです。講習会で「足裏の垂直離陸」と説明すると，「いつ浮くのだろう？」と熱心に観察される方がいらっしゃるのですが，

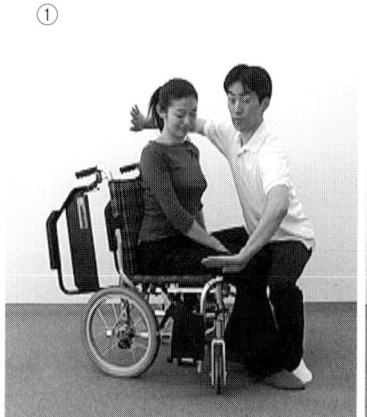

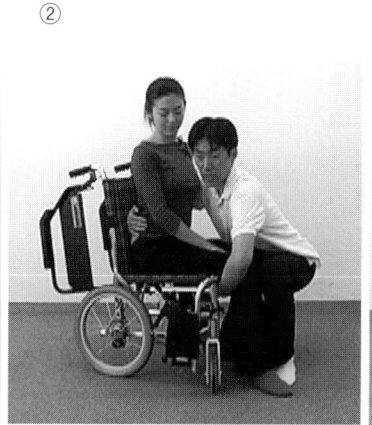

① ② ③

図2-24　椅子からの抱え上げ（浮き取り ver.1）
Ⅰ．相手の腰，膝裏に手の甲から腕を回し，手首から先だけを返す（①，②，「手のひら返し」☞23頁）
Ⅱ．足裏を垂直離陸させ，足裏全体に重さの偏りがなく，浮いているような感覚を保ったまま相手を抱え上げる。「ふわっ」と浮き上がるような感覚で抱え上げることができる（③）。

残念ながら人間が宙に浮くことはありません（笑）。

ここでいう「垂直離陸」とは，あくまで「浮く感覚」を指しています。一般的には，重い物を持ち上げるときには足を踏ん張るのが普通ですから，正反対の感覚といってよいでしょう。実際，介助者の足の下に手を入れてみると，「足裏の垂直離陸」を成功させている人では，踏み締めている人に比べ，足裏にかかる圧力が均等で軽いということがよくわかります。

>>「足裏の垂直離陸」で効率よく力を使う

では，「足裏の垂直離陸」を用いるとどうして，楽に抱え上げることができるのでしょうか。図2-25は「浮き取り」の失敗例ですが，「足裏の垂直離陸」を用いず，足をしっかり踏ん張って力を入れると，どうしても腕の筋力に頼ることになり，相手の膝裏だけを持ち上げるような形になってしまいます。

一方，「足裏の垂直離陸」を用いると，足を踏ん張ることができないため，腕に力が入りにくくなります。このことは一見，相手を抱え上げるためにはマイナスに思えますが，実は腕に余分な力が入らない分，自然と相手の重さを全身で分担して負担するような身体の構造ができやすくなるのです（このあたりは「構造」の原理とも共通する部分です）。このため，「浮き取り」では，一般的な方法よりもはるかに楽に，バランスよく相手を抱え上げることができます。また，局所的な筋力に頼っていないため，普通に抱え上げるよりも長くその体勢を保てるとい

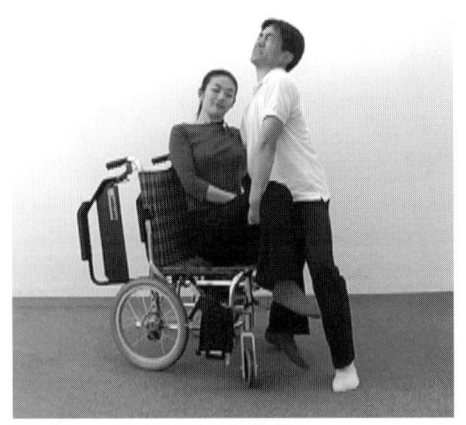

構造
☞ 20頁

図2-25　浮き取りの失敗例
通常の力の出し方で足を踏み締め，腕力で持ち上げると，足が引きつれ，相手の腰が残ってしまう。

うメリットもあるのです。

　現場で一番大変なのが，相手を抱え上げてからベッドやトイレに移動させるときなのですが，「浮き取り」がうまく決まると，抱え上げたときに感じた「軽さ」が持続します。逆に，せっかくうまく「浮き取り」が決まっても，うっかり両足を踏ん張って，「腕力モード」に切り替えると，とたんにずっしりと重く感じるようになってしまいます。

>> 武術遊び「段ボール箱乗り」

　ただ，「足裏の垂直離陸」が身体にもたらすメカニズムについては，よくわからないところが多いのも正直なところです。考えるよりも，感覚で理解していただいたほうがよいと思います。

　そこで，他の原理と同じように武術遊びによって，「足裏の垂直離陸」の感覚を体験していただくことにしましょう。「足裏の垂直離陸」がうまくできないのに無理をして「浮き取り」の形をまねると，腰を痛めてしまう可能性もあります。まずはこういった遊びの中で，ご自分の感覚を発見してほしいと思います。

　よく選挙などの苦労話で「みかん箱の上で演説」というたとえがありますが，実際にはビールケースなど頑丈な箱が用いられています。昔はともかく，現在のみかん箱は段ボールでできていますから，普通に立つと底が抜けてしまうからでしょう（笑）。そこで，今回の「武術遊び」では，あえて段ボール箱の上に立つことに挑戦してみることにしましょう（図2-26）。

　いかがでしょう？　箱やガムテープの状態によって，必ずしもこの通りではなかった方もいらっしゃると思いますが，足を踏み締めるか，踏み締めないか（足裏の垂直離陸）の違いを実感することはできたのではないでしょうか？

　段ボール箱の上に立つと，その時点でふたがたわみますので，米袋を持つことなんてとても無理だと感じると思います。実際，普通の持ち方をするとつま先に力がかかり，そこからグシャッと箱がつぶれてしまいます。しかし足裏の垂直離陸を保ったまま，腕の力を使わずに，肘を曲げたところに米袋を上から乗せてもらうような形をとると，ふたは多少たわむもののそのまま立っていることが可能です。

　前者では腕の力を出すために足を踏ん張ってしまっていたのが，後者では，米袋を身体全体で分散して支えている感覚があると思います。米袋を持つ腕や，体重のかかる足裏に負荷をかけるのではなく，身体の各部位が自動的に，負担を分担するように働いていることを実感してください。

　ちょうど，仕事が忙しいときに，休んだ人の仕事を皆で分担するようなイメー

武術遊び「段ボール箱乗り」
☞ DVD 2-6c

第2章　古武術介護の6つの原理 ● 45

図 2-26 武術遊び「段ボール箱乗り」
Ⅰ. 段ボール箱のふたにしっかりとガムテープを貼り，その上に立つ。
Ⅱ. 米袋（DVDでは車椅子）などの少し重いものを持つ（①）。足を踏み締めず，重さを全体で支えるように持ち上げる（足裏の垂直離陸）とふたは抜けない。
Ⅲ. 通常の力の出し方で，両足を踏み締めて持ち上げようとすると，ふたが抜けてしまう（②）。

ジですね。皆で助け合って仕事をするか，一部だけが頑張るか，どちらの負担が少なく済むかといえば，当然，前者でしょう。「足裏の垂直離陸」は，全身が協力する仕組みを身体に作り出すスイッチだと考えてみると，感覚的に理解しやすいかもしれません。

>> 頭より身体で考える

　さて，これで6つの古武術介護の原理解説は終わりです。1〜6と進むにした

がって段々とレベルが上がり，最後の「足裏の垂直離陸」の原理では，一般的なボディメカニズムの説明と 180 度違う説明となってしまったため，混乱された方も多かったと思います．実際，現場での活用も「だれにでも，すぐに」というわけにはいかない，比較的難易度の高い技術といえます．

　ただ，厳しい練習を積まないとできないものでもありません．新しい身体の動かし方を学ぶ楽しさを感じながら取り組むうちに，ある日突然できるようになった，という方がよくいらっしゃいます．何よりも，段ボール箱乗りのように，あまり頭で理屈を考えずに，そのつど「身体に答えを聞く」ことが，「足裏の垂直離陸」の感覚を養う近道だと思います．ぜひ身体の声に耳を傾け，取り組んでみてください．

▶ **文献**
内田　樹，池上六朗：身体の言い分．毎日新聞社，2005

インターセッション・1

「身体」が導いてくれた
古武術介護への道のり

聞き手：『看護学雑誌』編集室

―― 一見正反対とも思える介護と古武術。両者を結びつけた経緯を教えてください。

岡田　実は僕，高校を卒業して介護職に就くまでの3年くらい，今でいう「ニート」[注]だったんですよ。

　　　大学受験の失敗が，そうなる直接のきっかけでした。好きだった女の子と同じ大学に行きたいという不純な動機で受験，そして失敗。予備校通いをはじめたものの，わずか1か月で退学……。勉強はできなかったけど学校は好きで，文化祭の実行委員などを皆で楽しくやってきたのに，突然1人取り残されてしまった気がしてストン，と落ち込んでしまったのです。彼女からの連絡も徐々に途絶え，大学の先輩と仲がいいというし（笑）。特にやりたいこともなかったから，すっかりモチベーションを失って，完全に将来を見失ってしまいました。

　　　そのころは人に会うのも億劫でしたね。落ち込んでいる自分を，それ以前をよく知る人に見られるのが怖かったんです。

>> 「山ごもり」のニートな僕が介護に出会った

―― いわゆる「ひきこもり」の状態だった？

岡田　田舎だったんで，正しくは「山ごもり」ですね（笑）。できれば家でごろごろしていたかったんですが，元来が非常に弱気な性格なもので，両親に予備校を辞めたことをいえず，ひきこもる勇気もありませんで

した。たとえば階下で電話が鳴っていてだれもとらなかったら，気になってしょうがないような性分だったんです。毎日予備校に行くふりをして，家の裏山に潜んでいました。

筑波の山奥にある随分な田舎だからできたことかもしれません。逆にいえば，自室どころか玄関にも鍵をかけないような地域だから，家の内と外とが地続きの社会になっていて，ひきこもることができない環境でした。

その後，一時，介護の専門学校に入るのですが，これも長続きしなかった。その学校の授業はまるで学級崩壊状態。行くところがないからとりあえず，という人たちが集まっていたのでしょう。自分も，職業適性検査で福祉関係が向いていると診断されたという適当な理由で選んだこともあって，居たたまれなくて，たった1か月で辞めてしまいました。

ただ，そこでよかったのは，学校の目の前に福祉作業所があったことです。学校の前でつまらなさそうにしていたら，作業所の利用者の方たちが近づいてきて「どうしたの？」と声をかけてくれたのです。最初はとまどったのですが，今までの自分を知らないままに，先入観なく接してくれるのが心地よくて，誘われるままに知的障害者の介護ボランティアに行くようになりました。

介護の仕事は黙っていても人と接することができます。もともと寂しがりの僕にとって，いいリハビリというか，ありがたい出会いだったと思います。そのときは，それを仕事にしようとは思いませんでしたが，今までとは少し違う世界があることを肌で感じ，気分が少し楽になりました。

その後，専門学校を辞めてしまったことが両親に発覚。さすがに恐縮して，なんとか就職したのが22歳のときでした。新設の重度身体障害者施設で，資格も経験もなし，おむつ交換も入浴介助もはじめて見るという，正真正銘の初心者状態でスタートしました。新設ということで同僚も経験の浅い人がほとんどで，だれも教えてはくれません。すべてが見よう見まねのぶっつけ本番でした。

加えて，僕は見てのとおり小柄です。たとえば移乗介助では，介護

を受ける方の正面に立ち，腰のあたりを持ち，足腰の筋力で移動させますよね。現場ではこれが「基本」であり，「正しい方法」として行われていますが，僕にはこれが非常にきつかった。腰痛も心配だったし，自分の身体がこの方法を嫌がっている感じがしました。

>> 「介護」と「格闘技」は似て非ならずや

岡田　ちょうどそのころ，ひょんなことから同年代の空手の師範と知り合い，もともと格闘技観戦が好きだったこともあって，誘われるままに軽い気持ちで入門したんです。すぐにやめたいと思いましたね（笑）。痛いし，身体はボロボロになるし。でも，やっぱり弱気だから，地道に教えてくれて，頼りになる兄貴のような師範に「やめる」とはいいだせなくて……。しぶしぶ続けているうち，弱いなりにすばやく組みついて相手の体勢を崩したりするのだけはうまくなってきたんです。

　そこでハタと，「これは介護に使えるかもしれない」と思いつきました。たとえば，100 kg の人間を，腕力だけで持ち上げて動かすのは困難ですが，自分と相手との重心移動を利用しながらバランスを崩すことだったらできる。そういう考え方で動かすのなら，はるかに小さい力で可能なんじゃないか。それで，自分なりに格闘技の身体技術を介護に織り交ぜて試してみたのが，考えてみると「古武術介護」の最初ということになります。

　やってみると，すごく楽でした。腰に負担もかからないし，大柄な相手でも以前と比べるとスムーズに動かせるようになりました。

　介護を受ける方からも，「いつもより楽だ，嫌な感じがしない」といってもらえました。無理をしているときは，どこかに必ず強引さがあるものです。それは必ず，触れ合った身体を通じて相手に伝わり，「落とされるかもしれない」という不安につながります。逆に，こちらに無理がなく自然にできたときは，安心と気持ちよさにつながるのでしょう。

——　職場の同僚たちの反応はいかがでしたか。

岡田　最初は，反感をもたれましたね。「（格闘技みたいな）人を傷つける技術を応用するなんて，介護を受ける方に失礼だし，福祉の精神に反する」というわけです。たしかに一見相反するものに見えますから，当然そういう批判はあるでしょう。

　でもそのうち，基本の方法ではとうてい無理だという場面で，同僚からSOSがかかるようになりました。たとえば非常に大柄な方がベッドからずり落ちてしまったようなとき，僕が行くと簡単に問題が解決するというので，徐々に批判はやみました。ただし，あくまで「岡田は馬鹿力だから」というとらえ方で，「どうやるの？」と聞いてくる人はいませんでしたが（笑）。

―― 格闘技と介護の共通点とは，どういったところでしょうか？

岡田　一見すると正反対に感じるかもしれませんが，冷静に見れば，似た部分は多いと思います。格闘技も介護も，時間とともに刻々と相手や状況が変化していきます。その人と，そのとき，その場に応じた技術で応じていかないと通用しない。そうした点がよく似ているんじゃないでしょうか。

　もちろん，そこから先は，格闘技では最も有効な攻撃を，介護では最も心地よいケアを相手に与えるわけですから正反対です。しかし，いわゆる「マニュアル主義」に偏りすぎると，いつ，だれに対しても画一的で，時に強引なアプローチをするわけですから，ある意味，介助者，被介助者，双方にとって「攻撃」にもなりかねません。いずれにせよ，相手の変化にこちらも柔軟に対応していく点では，本質的な共通点があると思います。

>> 「基本」は「きっかけ」

岡田　また，「マニュアル主義」ということでいうと，「岡田のやり方は基本と違う」という批判も多かったですね。たしかに「基本」は大切だし，有用だと思いますが，それにこだわりすぎる必要はないと僕は思いま

す。それが唯一無二の絶対正しい方法だというわけではありませんし，刻一刻と変わる相手の状態に合わせた対応が求められる介護では，自ずと基本そのままでは対処できない場面が出てきます。

　技術を活かし自分も相手も心地よい介護になるか，活かしきれずに双方とも身体を痛めるかは使う人次第です。そう考えると，今の「基本」はかわいそうだなという気がします。与えられたままの形にこだわってしまうと，せっかくの技術も活かしきれません。

　僕は，「基本」はあくまで「きっかけ」だと考えています。たとえば，山の絵を描くとき，最初はみんなお椀をひっくり返したような単純な絵を描きますが，だんだんと複雑で個性的な絵を描くようになります。「基本」は「きっかけ」で，それをどう発展させていくかが重要なのではないでしょうか。

――「基本」を「技」に昇華していくということだと思いますが，忙しい現場ではなかなか難しいことのように思えます。

岡田　そうですね。だからこそ僕は，うまく身体を使うということを長年追究してきたスポーツや格闘技などの異分野の技術を輸入してアレンジすることが有効ではないかと思うのです。スポーツも介護も，身体をフル活用して行う技術という点では同じですから，発想的にも技術的にも非常に参考になると思います。

他分野との交流
☞ 100 頁

　いま僕は，古武術を介し，他分野の方々と交流しています。格闘技やスポーツ選手だけでなく，音楽家やダンサーの方もいらっしゃいます。楽器演奏も身体を使いますから，学ぶところが多くあります。また，盲学校生に古武術を体験してもらうお手伝いもしていますが，彼らは目が見えない分，純粋に身体の動きに敏感なところがあり，ハッとさせられることがありますね。

　スポーツだけでなく，さまざまな分野の方からヒントをいただいて，「基本」のその先を自ら創っていく。そうしたプロセスは，とてもおもしろいですね。

―― そうした他分野の方々との交流を，岡田さんは積極的に行われているのですね．

岡田　はい．一般の人たちにも古武術が持つ身体運用とその発想を知ってもらえたら，介護に限らずさまざまなヒントとなるのではないかと思いますので．これまでは，プロスポーツ選手など，日常とはかけ離れたところで古武術の効果が紹介されてきましたが，これからは，普通の人に日常生活の中でこそ活かしてほしいと思います．

　古武術介護は，そのきっかけづくりにはぴったりかもしれません．いきなり「古武術をやりましょう！」といわれたら抵抗がある人でも，介護なら関心も高く実用的ですからね．

　しかも，筋力をつけて補うのではなく，そうやって身体の使い方の幅を広げ，日常的に自分の身体を無駄なく有効に使えるようになることは，「予防介護」にも通じます．介護術を学んで，健康も保てるなら，こんなにお得なことはありません．また，練習するのには必ず相手が必要ですから，よいコミュニケーションツールにもなるでしょう．

　しかし，古武術だけが正しいというわけでなく，あくまで1つの選択肢として，従来と異なる身体の使い方を提案していきたいと思っています．もしかしたら，介助技術や予防介護のありかたが多少変わる可能性だってあるかもしれない．僕がやっていることが何かの「きっかけ」になればうれしいですね．

>> 甲野善紀氏から学んだこと

―― そうやって独自の介護術を模索する中で，武術家の甲野善紀さんにめぐり合われたのですね．どのような点で特に影響を受けましたか？

岡田　実は，最もインパクトがあったのは，技術的なことではありません．甲野先生の稽古には，マニュアルが一切ないんです．技を見せ，説明はしてくれるけど，「こんな稽古をしなさい」という具体的な指示はない．

でも，その技がすごいから，「どうすればできるだろう」「何とかして自分もできるようになりたい」という気持ちがわいてきます。そこで，稽古場の仲間たちとのコミュニケーションがはじまり，「こうやったらどうか」「ああやったらどうか」と，自らの身体を使った試行錯誤が始まります。

　つまり，先生は教えてくれない。でも，学ばせてはくれるんです。甲野先生を見ていると，もしかしたら「先生」というものの本来の役割は，生徒が自ら学ぶ気持ちを牽引し続けるところにあるのかもしれないと思うようになりました。甲野先生は，よく「自分もまだ発展途上にあり，完成されていない。今見せた技は参考程度です」とおっしゃいます。先生自身が向上し続ける姿を見せてくださるから，自分たちも「少しでも先生に近づきたい」と思い続けることができるんです。

　甲野先生の周辺には「まず基本があって，それを徹底的に反復して習得する」とか，「最初から定まっているゴールをめざして必要な知識や技術を詰め込んでいく」といった，従来の教育のあり方とはまったく違う「学び」がありました。こんな経験ははじめてでしたから，非常にインパクトがありました。

—— なるほど。それは，臨床看護教育のヒントにもなりそうですね。技術的な点では何か発見はありましたか。

岡田　技術の面では，「筋力以外のチカラ」を使うことについて，非常に多くのヒントをいただきました。

　身体介助を行うのは，運動神経や体力に自信がある人ばかりとは限りません。看護・介護職に女性が多いことを考えれば，むしろ，その逆の人が多いと考えたほうがいいかもしれませんね。僕も，体育の成績は2だったし，マラソン大会では正真正銘のビリでした（笑）。そういう人でも，身体に潜在する力をうまく引き出せば，無理なく介護できる可能性があると思います。

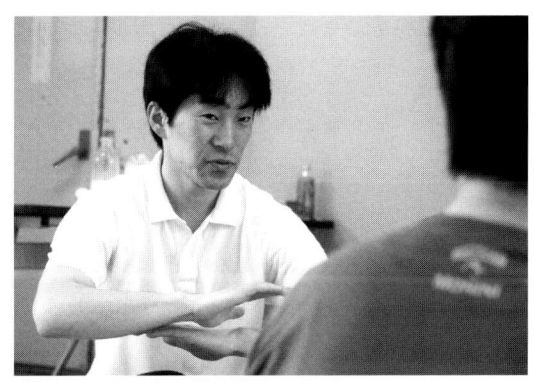

講習会で古武術介護を教える筆者

>> 踏ん張らない介護

—— 「筋力以外のチカラ」といっても，普通の人にはピンとこないと思いますが，どういったものがありますか？

岡田　単純なものでは，自分の重心を移動させて，その力を相手に伝えるといったものがあります。こうしたものは，物理学的に何とか説明がつくものですね。しかし，たとえば甲野先生が「足裏の垂直離陸」とよんでいる方法などは，実際に体験しないとなかなかピンとこないでしょうね。

足裏の垂直離陸
☞ 43 頁

—— それはどういった技術ですか？

岡田　重い物を持つとき，普通だったら，足をグッと踏ん張りますが，あえて踏ん張らない。たとえば，割れそうな氷の上に立つ場合，足を踏み締めて立つ人はいないと思います。無意識のうちに自分の体重を踵やつま先などの一点にかからないように，立とうとするでしょう。
　つまり，足裏全体を踏ん張ると重さは一点に集中しますが，踏ん張らずに重さを身体全身に散らすようにすると，足の裏は「浮いた」感覚になります。しかも，偏りなく浮いた感覚でなければ重さを全身に

散らすことはでません。それが「足裏の垂直離陸」とよばれる原理の1つの考え方です。それは人を抱えたときにも共通するものです。

また，こうすることによって，関節や筋肉のあそびが取れ，全身がまとまったような状態にもなります。あそびがある状態というのは，いわばたるんだつなでつな引きをするようなもので，これは効率が悪い。力を強化するのではなく，あそびを取ることで，もともとの力を散らすことなく，最大限効率よく伝えることができるのです。

あえて言葉で説明するとこのようになるのですが，これではきちんとした物理的な説明からはほど遠いですよね（笑）。実際，甲野先生の技術を体験したバイオメカニクスの研究者の方も，「現在の測定技術と理論で，すべてを説明するのは難しい」とおっしゃっていました。ですからやはり，実際に体験して，ご自身の身体を通して学んでいただくしかないということでしょうね。

身体は使い方によって思わぬ力を発揮します。僕たちの身体は思う以上に賢くできていて，いろいろな可能性を秘めていると思います。その潜在的な知恵を発揮できれば，もっと楽に，もっと気持ちのいい介護ができるようになると思います。しかし，現代人は，どうしても頭が先行しがちで，身体が放置されてしまっている感があります。もっともっと，微細な身体の感覚に目を向けて欲しいと思います。

頭で考えてひきこもりだった僕は，介護業界に入って，身体を使って人とかかわっていくことによって，はじめて社会とかかわることができたのかもしれません。僕にとっては，脳よりも身体が一番の「相方」だったということかもしれませんね。しかしよく考えれば脳も身体の一部ですからもっと仲良くしてあげないと（笑）。脳も含めた身体すべてで考え，動くところから，介護も変わっていくのではないかと思います。

注）ニート（NEET）：not in employment, education or training の略。無職で，学校にも所属せず，就職活動もしていない若者を指す。

医学書院『看護学雑誌』69巻7号（2005年）に掲載されたインタビュー「古武術に学ぶ"気持ちのいい介護"」に加筆・修正を加え再録。

第3章
現場で使える古武術介護

仕事で上手く出来るには，重さを重さと感じないようにしなくてはなりません。重いものを軽く扱えるようでなくては，日々の仕事としては成立しませんよ。
── 甲野善紀
（甲野善紀・田中　聡著，『身体から革命を起こす』より）

ここでは，今まで解説してきた古武術介護の原理を実際の現場でよく見られる場面に合わせて活用していきたいと思います。

　本書の写真，あるいは DVD 映像を漠然と見ただけでは，普通の介助技術と変わりなく見えるかもしれません。しかし，表面から見えないところに1つひとつの原理が働いています。しかも，単独ではなく，複数の原理が重なり合って働いています。最初はたくさんの原理を同時進行で使いこなすのは難しいと思いますので，1つひとつの原理を意識しながら，その感覚を丁寧に確かめてもらいたいと思います。

　また，紹介した技術が現場でそのまま活用できないケースは多々あるでしょう。そのときこそ原理を組み合わせて使うチャンスです。ここで紹介する技術をヒントに，そのとき，その場に合わせたあなただけの新たな介助技術を開発してください。

1 ベッド上での上体起こしから端座位まで

ベッド上での上体
起こし〜端座位ま
で
☞ DVD 3-1

ベッド上での上体起こしから端座位への移行を介助します。基本的な方法は，一般的に行われているものと同じですが，1つひとつの技術に内包された身体の使い方に注目して取り組んでください。

手順1

両手を手の甲から相手の身体の下に差し入れ，手のひらから先を戻します（図3-1）。

手の入れ方は，「構造」の原理で紹介した「手のひら返し」を参照してください（図3-2）。

手のひら返し
☞ 23頁

漠然と手のひらを返すと肩から背中にかけての張りは失われ，構造を利用することはできなくなります。腕の状態を保ち，手首の先だけ返すように注意しましょう（図3-3）。そのことによって，相手の身体とのフィット感が高まり，チカラを効率的に伝えることができます。

肩甲骨の活用
☞ 25頁

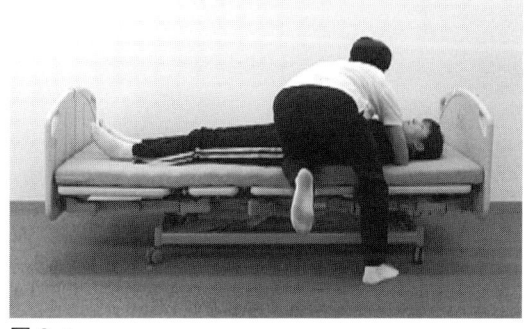

図3-1

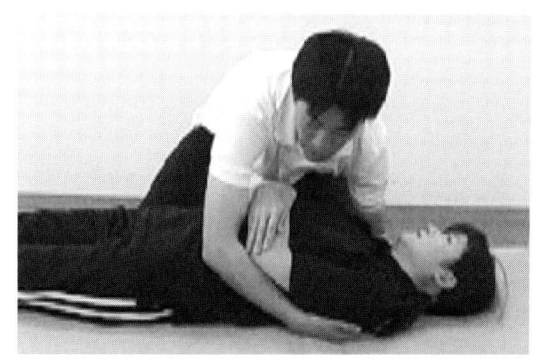

図3-2

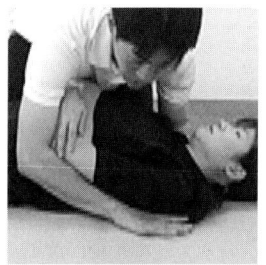

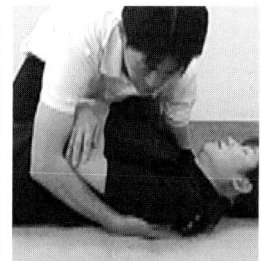

図3-3　手のひらを返したときの肩甲骨の状態に注意！

第3章　現場で使える古武術介護 ● 59

手順2

　片膝をついた状態で相手の身体を起こします（図3-4, 5）。自分が左側に倒れていくことによって生じたチカラを、相手に支えてもらいながら、結果として相手の起き上がりにつなげていきます。重心移動の原理、さらには体幹内処理の原理を利用してください。

重心移動
☞ 27頁
体幹内処理
☞ 38頁

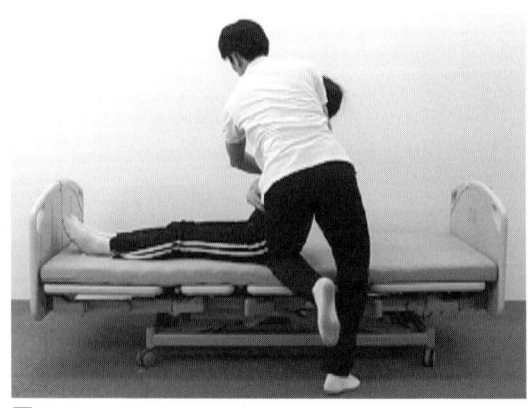

図3-4

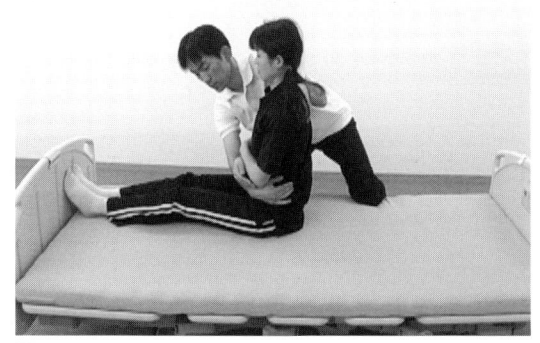

図3-5

手順3

　手の甲から相手の膝裏に手を入れ、「キツネさんの手」を作ります（図3-6, 7）。「キツネさんの手」を作ることによって、肩から背中にかけて、チカラの出やすい構造を作ることができます。

キツネさんの手
☞ 8頁

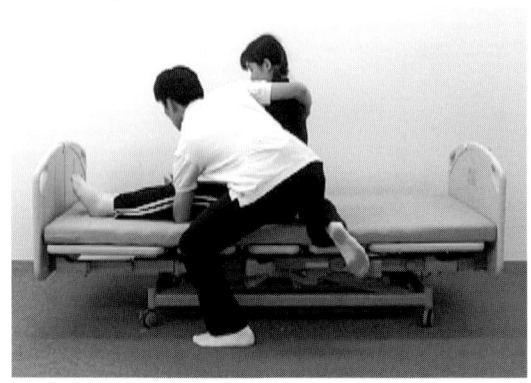

図3-6

図3-7　キツネさんの手

手順4

　身体全体を回転させることによって，相手の身体を方向転換させます（図3-8）。片膝はついていますが，そこを支点としないことに注意してください。ベッドについた右膝および左の足裏に垂直離陸をかけるようにします。

　支点を作ると胴がねじれてチカラのスムーズな移動が阻害されます。うまく身体をねじらずにできたかどうかは，自分の両肩と骨盤が，一枚の板のように，位置関係を変えずに移動できたかどうかによって判断できます。

足裏の垂直離陸
☞ 43頁

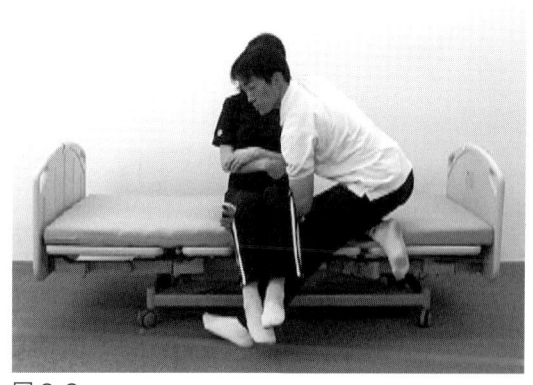

図3-8

2　ベッド上での端座位から車椅子への移乗

ベッド上端座位〜
車椅子への移乗
☞ DVD 3-2

　1の「ベッド上での上体起こしから端座位まで」では，ベッド上仰臥位で寝ている方を，長座位を経てベッド上端座位にしました。ここでは，その状態から，車椅子への移乗に挑戦しましょう。通常，肩を貸すような形になるか，2人がかりで抱え上げることが多いでしょう。しかし，現場では人手の足りないことも事実です。ここではあえて1人で行ってみましょう。

手順1

手のひら返し
☞ 23頁

　相手の脇(ここでは左)に頭を入れ，右手を相手の背中に，左手を相手の膝の裏に回します(図3-9)。背中に回した右手は手の甲から入れて，手のひらを返し(図3-10)，左手は相手の膝の裏に手の甲から入れ，同様に手のひらを返します。

図3-9

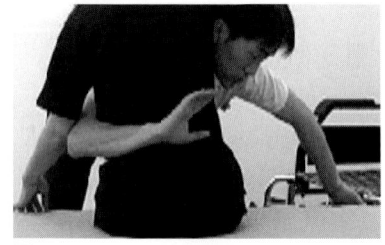

図3-10

手順2

足裏の垂直離陸
☞ 43頁

　「足裏の垂直離陸」の原理を用いて立ち上がります(図3-11)。武術遊びの段ボール箱に乗った動きのように，壊れやすい物の上に乗るような感覚で行うとよいでしょう。

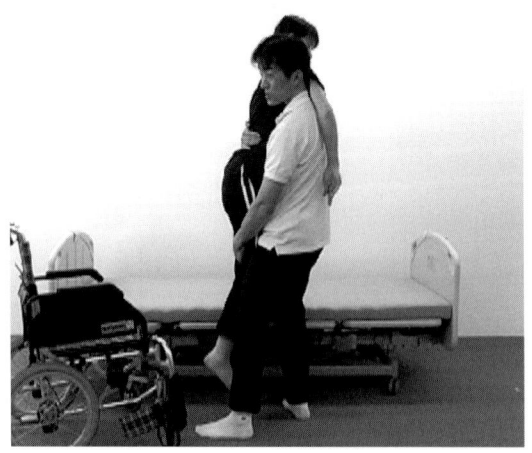

図3-11

立ち上がったときの両腕の状態を図3-12に示します。

腕力で抱えるのではなく、腕はあくまでフックとして活用します。腕は引っ掛けているだけで、腕力で引き寄せるようなことはしないようにしましょう。

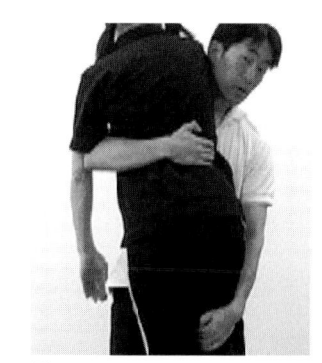

図3-12

手順3

車椅子まで移動します（図3-13）。この間も決して足は踏ん張りません。踏ん張ると「垂直離陸」により身体全体に散っていた重さが一気に足に集中し、負担がかかってしまいます。

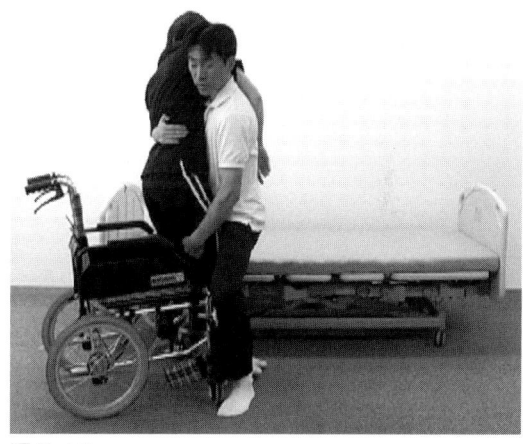

図3-13

手順4

車椅子に座らせます（図3-14）。車椅子に降ろす動作は、体勢が低くなるために、どうしても足裏に重さが集中しやすくなります。そこで踏ん張ると一気に重くなり相手をドスンと座らせることになります。コツは、降ろすときにあえて骨盤を後方に倒し、相手とのバランスを意識すること。足裏に感じる重さが変化しますので、そこに注意してバランスをとってみましょう。

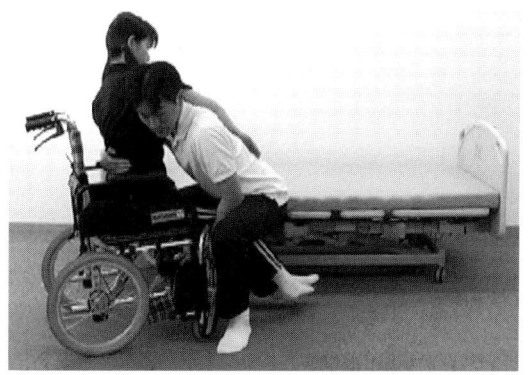

図3-14

バランスコントロール
☞33頁

第3章　現場で使える古武術介護

3 ベッド上での体位変換 ①

ベッド上での体位変換 ①
☞ DVD 3-3

褥瘡予防などで体位変換を行っている方の場合，ベッドの端に寄ってしまうことがよくあります。腕の筋力だけで位置を戻すのはかなり苦労します。

手順1

手のひら返し
☞ 23 頁

手の甲を相手の肩の下に差し入れ，手のひらを返す（図3-15）。手の入れ方は「構造」の原理で紹介した「手のひら返し」を参照してください。

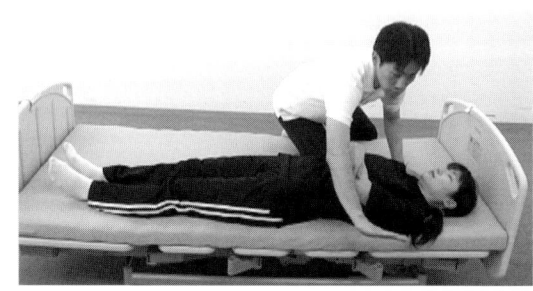

図 3-15

手順2

バランスコントロール
☞ 33 頁

体幹内処理
☞ 38 頁

肩甲骨の活用
☞ 25 頁

腕力で引っ張るのではなく，相手とのバランスに気をつけて，骨盤を後方に倒し，重心移動により引き寄せるようにします（図3-16）。また，肩甲骨を引き寄せることを意識するとより全身の力を引き出しやすくなります。

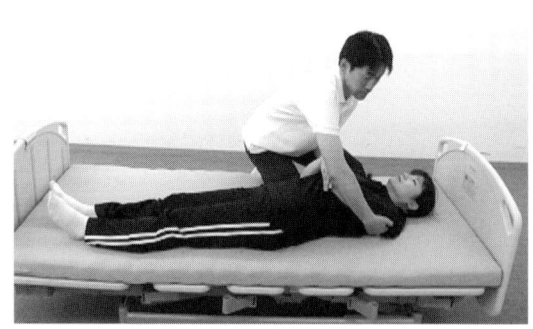

図 3-16

手順3

腰にも，同様に手の甲から入れ，手のひらを返します（図3-17）。

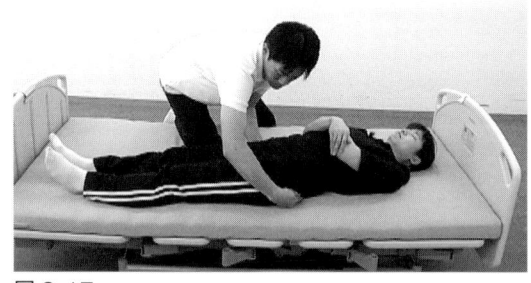

図 3-17

このとき，腰骨のあたりに手を入れるようにします（図3-18）。

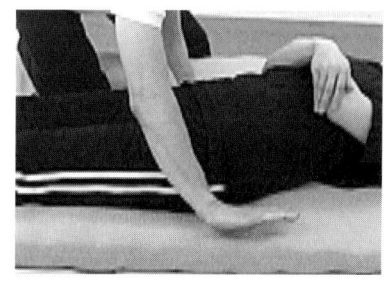

図3-18

手順4

膝をついていますが，踏ん張ると身体が安定してしまい，筋力に頼りやすくなってしまいます（図3-19）。踏ん張らないように注意してください。

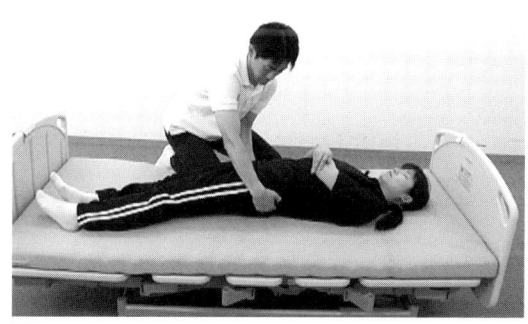

図3-19

手順5

肩，腰に比べて脚は持ちやすいため，腕力でも苦労なくできてしまいます。しかし，そこをあえて筋力に頼らずに行うことによって，繊細な感覚が育つように思います（図3-20）。

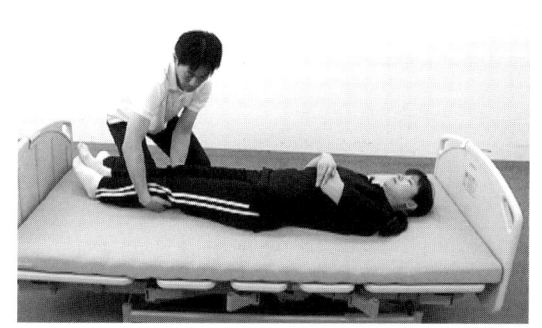

図3-20

4 ベッド上での体位変換 ②

ベッド上での体位
変換 ②
☞ DVD 3-4

　ベッドをギャッチアップ（頭の方を上げる）したあと，元の平らな状態に戻すと，被介助者が下のほうに寄ってしまうことがよくあります。この状態から，右の写真のように腕力で引っ張って戻すのは大変です。こういったケースで役立つ方法をご紹介します。

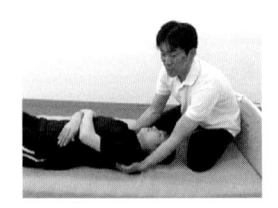

手順1

　まず，立てた膝を倒しながら被介助者の身体全体を横向きに体位変換します。（図3-21，22）。
　そのことによりベッドとの接触面積を減らし，移動しやすい体勢にします。

図 3-21

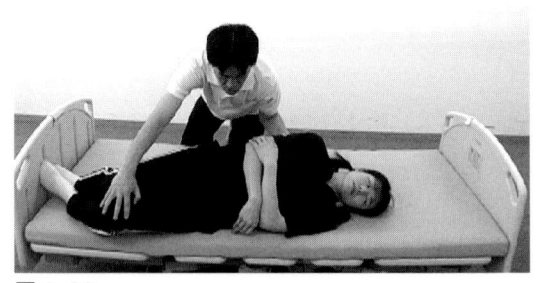

図 3-22

手順2

　腰骨のあたりに手を差し入れます（図3-23）。ここでも，手の甲から入れて，手のひらを返します。体勢を作ったときには肩，背中に適度な張りを感じるはずです。緩みなくチカラを伝えることができる状態です。

手のひら返し
☞ 23頁

図 3-23

重心移動
☞ 27 頁
肩甲骨の活用
☞ 25 頁

手順3

腰を太もものラインに沿って引きます（図3-24）。そのとき，腕力でなく，後方への重心移動と肩甲骨の引き寄せを活用すると無理なく移動できます。

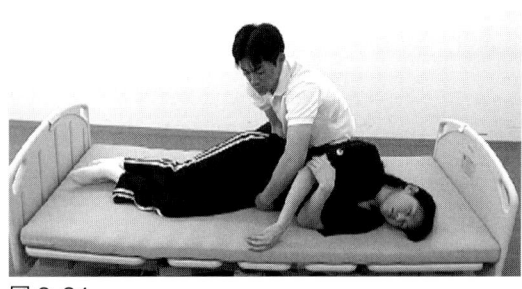

図3-24

手順4

上半身を軽く引いて中央に引き寄せることができました（図3-25）。

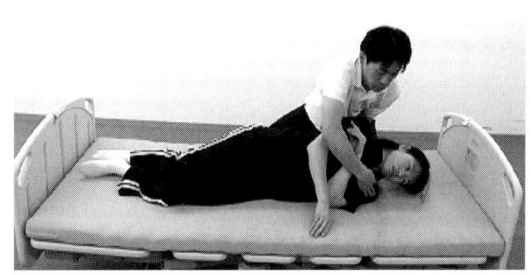

図3-25

第3章　現場で使える古武術介護

5　洋式トイレへの座らせ方の工夫

洋式トイレへの座らせ方の工夫

☞ DVD 3-5

　洋式トイレへの座らせ方に苦労することは多いと思います。右の写真のような体勢から「ドシン！」と勢いよく便器に降ろしていませんか？　車椅子から立ち上がらせることに精一杯になり，こらえきれずにドスンと便座に落としてしまうような介助が，残念ながら現場では見受けられます。相手にとってたいへん負担になることはもちろん，介助者にとっても腰を痛める危険性が大きい場面です。

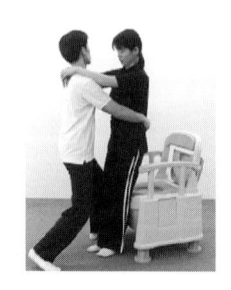

手順1

　相手の脇（ここでは左）に頭を入れ，もう片方の脇に右腕を入れます。つい，お腹に左手を当てたくなりますが，そうではなく股関節のあたりに左手の甲を当てます（図3-26）。

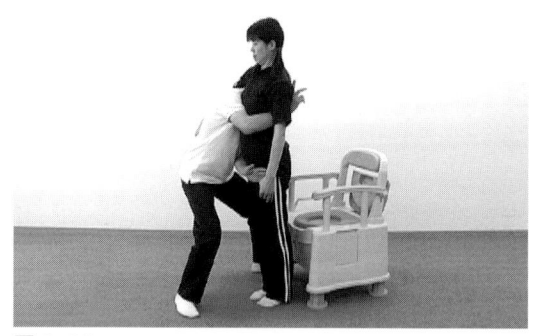

図3-26

手順2

　相手をおじぎさせながら，まるで屏風をたたむようなイメージで，しゃがんでいきます（図3-27）。決して相手を座らせようとしないでください。自分がしゃがんでいくことによって，自然に相手が便座に腰を降ろしていきます（図3-28）。

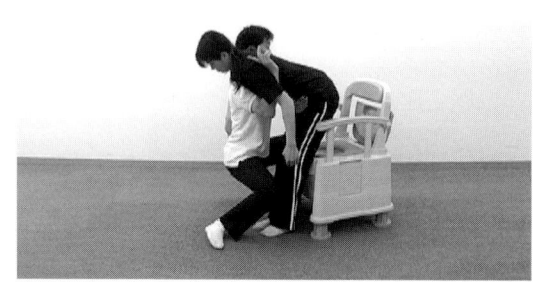

図3-27

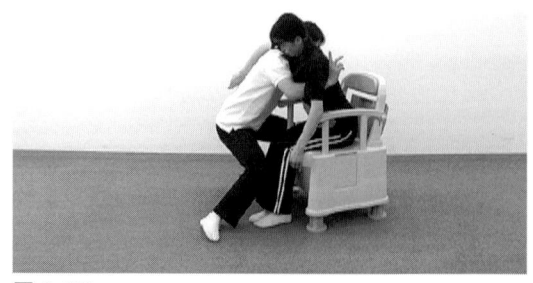

図3-28

手順1と2の手の位置（図3-29）に注目しましょう。手はそれぞれ単独に動かすのではなく，しゃがみこんでいくことで，自動的に両手が動き出す感覚を引き出します。そのことにより，前，後，下の三方向の力が同時に起こり，相手が座る動きと自然に同調するのです。

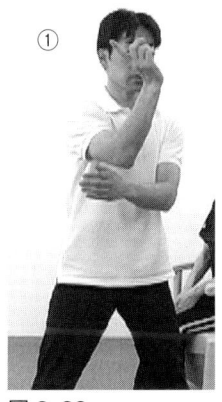

図3-29
①：手順1の手の位置
②：手順2の手の位置

6　残存能力が高い人の椅子からの立ち上がり介助

残存能力が高い人の椅子からの立ち上がり介助
☞ DVD 3-6

　自力で立ち上がるのは困難でも，介助があれば立ち上がれる程度の障害を持った方への技術です。一見何とかなりそうですが，力まかせに行ったところ予想外に相手が重く，腰が残ってしまい，右の写真のように相手の体がひきつれてしまったことはありませんか？　介助者が腰を痛める原因にもなり，危険です。筋力に頼らない技術をめざしましょう。ここでは2つの方法を紹介します。

手のひら返し
☞ 23頁

【手のひら返しによる方法】

手順1

　手の甲から相手の胴に腕を巻きつけます（図3-30）。このとき肩甲骨を左右に広げて腕を巻きつけることを意識すると，通常より腕を長く使え，よりフィット感が高まります。手の甲からなので腕力を使いにくいと思いますが，こうすることによって全身の力で相手を支える構造ができあがります。

肩甲骨の活用
☞ 25頁

構造
☞ 20頁

図3-30

手順2

　垂直に立ち上がると腕力に変わってしまいます。後方に重心移動しながらも相手とのバランスを保ちながら立ち上がります（図3-31）。足裏の感覚に注意してください。

バランスコントロール
☞ 33頁

図3-31

【3点ベルト方式】

手順1

あえて筋力を使えないような持ち方をすることにより，全身のチカラを引き出す仕組みは前の技術と同様です。しかし，【手のひら返しによる方法】では胴に直線的に手を回したのに対し，こちらは自動車の3点ベルトのように抱えるため安定感が増します（図3-32）。より実践的な方法といえるでしょう。

図3-32

手順2

重心とバランスの活用は【手のひら返しによる方法】と同様ですが，脇の下から入れた手を「キツネさんの手」にしています（図3-33）。「キツネさんの手」の人差し指を後方に突き刺すようなイメージで立ち上がると自然と相手の立ち上がりと同調します（図3-34）。

キツネさんの手
☞8頁

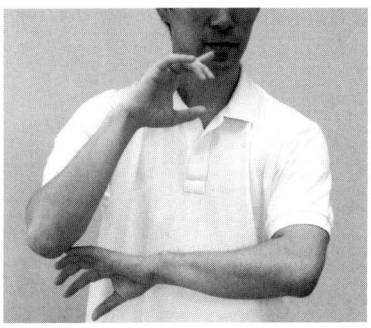

図3-33

図3-34

第3章　現場で使える古武術介護

7　2人で行うベッドから車椅子への移乗

2人で行うベッド
〜車椅子への移乗
☞ DVD 3-7

本書では身体の使い方の質的転換をめざすため，ここまであえて1人で行う技術のみを紹介してきましたが，実際の現場で人手があるなら，無理は禁物です。しかし，人手があっても筋力のみに頼っていると，故障を避けることはなかなか難しいものです。2人で行う場合も，筋力に頼らない技術をめざしましょう。ここからは，2人で行う際の身体の使い方について解説します。

手順1

1の「ベッド上での上体起こしから端座位まで」の技術を活用して上体起こしをします（図3-35）。

ベッド上での上体
起こしから端座位
まで
☞ 59頁

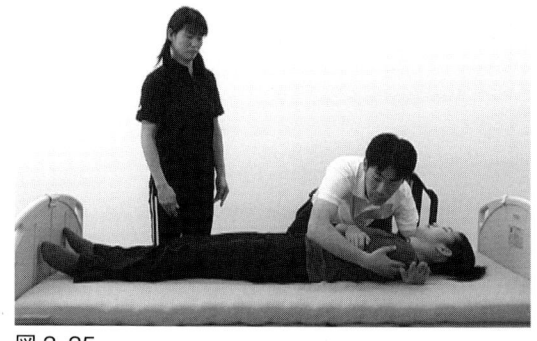

図3-35

手順2

被介助者の後方に位置し，倒れてくるのを防止しながら，被介助者に手を組んでもらいます（図3-36）。

手順3

被介助者の脇から手を入れ，組んでいる腕に手をかけます（図3-37）。通常であれば握力で握りますが，あえて「キツネさんの手」でひっかけるようにします。そして中指と薬指を中心にして他の指も自然に添えるようにします。中指と薬指に力がかかってしまうのを予防して，ソフトに持つための工夫です。

キツネさんの手
☞ 8頁

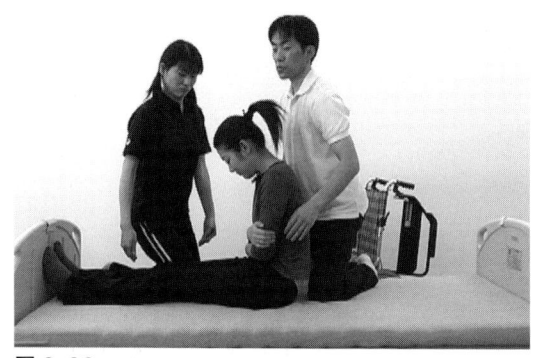

図3-36

図3-37

72

手のひら返し
☞ 23 頁

　もう1人の介助者が，膝裏に両手を手の甲から差し入れ手首だけを返します（図3-38）。

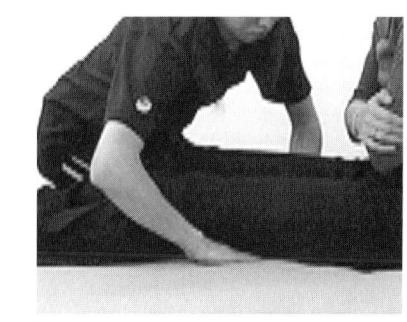

図 3-38

手順 4

足裏の垂直離陸
☞ 43 頁

　両者ともに膝，足裏を踏ん張らずに全身に相手の重さを散らすようにして持ち上げます（図3-39, 40）。

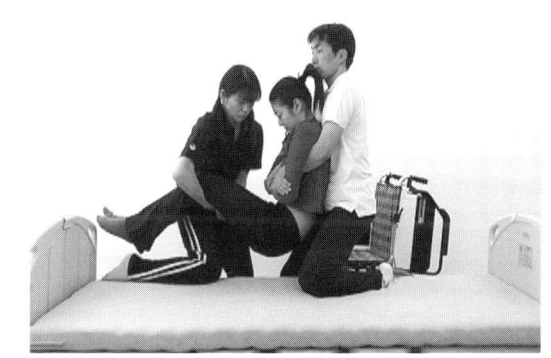

図 3-39

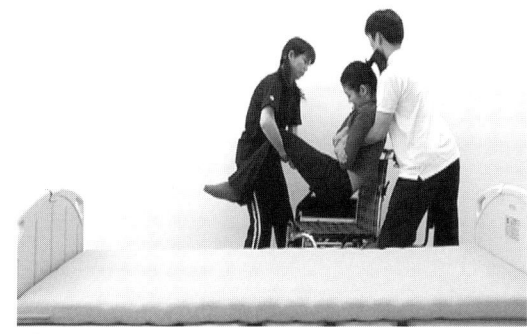

図 3-40

手順 5

　足裏の垂直離陸の感覚を最後まで持続させると，少ない負担で車椅子に座らせることができます（図3-41）。

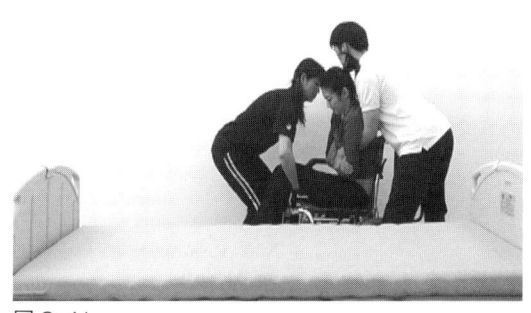

図 3-41

第3章　現場で使える古武術介護 ● 73

8 2人で行うベッドからの抱え上げ

2人で行うベッドからの抱え上げ
☞ DVD 3-8

ストレッチャーやベッドに移動させるときに、相手を寝たままの状態で持ち上げることがあります。双方にとってかなり負担がかかる技術だと思います。少しでも負担を減らせるように工夫してみましょう。ここでは「手のひら返し」を応用に使ってみます。

手順1

いきなり腕を入れるのではなく適した形を作ります（図3-42）。まず手の甲を上にして軽く脇を締め（図3-43①）、手の甲を返しながら、手のひらを上に向けます（図3-43②）このとき、脇を軽く締めるようにします。

手のひら返し
☞ 23頁

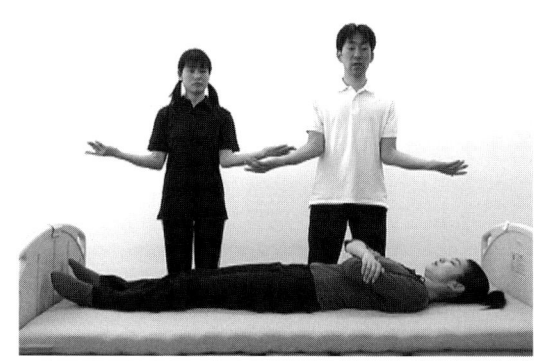

図3-42

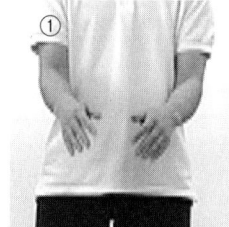

図3-43

手順2

手順1の一連の動作で脇、肩、背中のあそびが取れて、適度な緊張が生まれているでしょうか？ この状態は、力をダイレクトに伝えやすい構造となっています。これを維持したまま、手を前に持ってきます（図3-44）。

構造
☞ 20頁

図3-44

手順3

腕の形，状態をなるべく変えず，相手の肩，腰，脚に手を差し入れます（図3-45）。イメージとしては，自分の身体がフォークリフトになったような感覚です。

図3-45

手順4

持ち上げるときは，ベッドに膝をついたほうが腰痛防止になるでしょう。しかし，その膝や足は踏み締めないようにし，相手の重さを全身に散らして持つ感覚（足裏の垂直離陸）を移動終了まで持続させます（図3-46）。

足裏の垂直離陸
☞ 43頁

図3-46

▶ 文献

甲野善紀，田中聡：身体から革命を起こす．新潮社，2005

インターセッション・2

看護・介護に発想の転換を
「古武術介護」の可能性

聞き手：眞島千歳
（看護師・NPO「そらとびねこ」代表）

>> 身体が教えてくれる動き

眞島　岡田さんは古武術をはじめてどれくらいなのですか？

岡田　まだ1年くらいです（2005年4月当時）。長く修行していると勘違いされる方がよくいらっしゃいますが，僕のしていることは古武術を活かした介護技術であり，古武術そのものができるわけではありませんから（苦笑）。ちょうど，甲野善紀先生がNHKの『人間講座』という番組[注1)]に出演されたのを拝見して興味を持ち，当時先生が定期的に開催されていた講習会に参加したのがきっかけです。

眞島　それ以前は普通に介護のお仕事をされていたんですよね。

岡田　そうですね。ただ，甲野先生にお会いする前から，教科書的な介護技術と違ったやり方を自分なりに工夫はしていました。
　僕は専門学校を1か月くらいで中退しちゃったので，ほとんど何も基本を知らないままで就職したんですよ（笑）。ですから，働きはじめたとき，介護技術はもちろん，右も左もわからない状況でした。それで，ともかく「基本」とされるやり方を教わって仕事をしていたのですが，自分の身体にすごく違和感があることに気がついたのです。「このままだと身体が危ないな」と思っていたときに出てきたのが，趣味でやっていたグローブ空手[注2)]の動きでした。
　僕はとても弱かったので，よく空手の試合では相手に組みついてい

眞島千歳 氏　　　　　　　岡田慎一郎 氏

たのですが，要介護の方を抱え上げるときに，思わずその動きが出てしまったのです（笑）。でも，やってみるとこの方法はとても楽だった。自分の身体が危機に陥ったときに自然に出た動きには，どこか必然性があるんじゃないか，とそのとき思いました。

>> 没頭してはじめて生まれるもの

眞島　もともと，そういった工夫をされる素地はあったわけですね。その後，甲野先生に出会ってそうした技術を進化させたのですか？

岡田　はじめて「一般的な筋力トレーニングに基づいたものではない身体技法」を目の当たりにしたのがテレビで見た甲野先生の動きだったので，「本当にこういう世界があるんだろうか」，という興味で講習会に参加したんです。もともと格闘技を観るのは好きでしたから，どちらかというと，介護に応用できると思って参加したわけではなかったんです。
　その後のお付き合いの中で，甲野先生からは，新しい技術や技術を深めるヒントを学ばせていただきました。ただ，個々の技術というよりは考え方，発想の仕方を何よりも学ばせていただいたと思っています。

眞島　甲野先生と私は同世代なんですが，以前ホームページの日記に，映画の『もののけ姫』を観て泣いた，といったことを書かれていましたね。何度かお会いしましたが，ほんと，ナイーブな方ですよね。

岡田　去年，僕の実家の近くに講習に来られたことがあったんですが，そのときはうちの裏の畑で，真夏の2時から日没くらいまで，手裏剣を打ちまくっていらっしゃいました（笑）。一番暑いころですよ。こっちが心配になるくらい。でも，稽古をはじめると，おもしろくて止まらないみたいですね。

眞島　私，ミュージシャンの忌野清志郎のファンクラブに入っているんですけど，清志郎も「やりはじめたら寝ない」っていってましたね。自分がやりたいことをやり通す人って，そういうタイプなんですよね。私たちは仕事があったりして，いくら好きなことでも途中でやめなくちゃいけない。ああいう人たちはコントロールしない。でも，そういうところでしか生まれないものってあると思うんですよね。

岡田　それは甲野先生にお会いして，強く感じましたね。周囲から見るとすごく努力家にうつるのですが，本人は努力だと思っていない。単に没頭しちゃうという感じですよね。

眞島　私も病院で看護師をやっていたころ，同僚で，看護し続ける人っていましたよ。日勤から入って準夜，夜勤まで残って，結局病院に泊まっちゃうような人。周りは付き合いきれないんだけど，やっぱりそういう人はすごい看護をするんですよね。

岡田　どこか突き抜けるところがないと生まれないものって，ありますよね。

>> 「教えない」教育

岡田　もう1つ，甲野先生から学んだ大きなことは，学び方，教え方という

部分ですね。甲野先生って，具体的なことはまったく教えてくれないんですよ（笑）。

　技を実際に体験させてくれたり，解説はしてくれるんですが，「こういう練習をしましょう」といった「指導」は一切ありません。甲野先生の講習会というのは，ただただ先生の技を体験するだけなんです。

眞島　では，どうやって技術を覚えるのですか？

岡田　そこがおもしろいところなんです。介護に限らず，教育って，みんなで一斉に同じことを学んで，同じようにできるようになるっていうのが基本的な考え方ですよね。

　しかし，甲野先生は，それぞれの感じ方，考え方の中で，自分に合ったやり方で取り組んでください，とおっしゃるのです。これは，先生自身が，正しいやり方というものに固執されておらず，日々変化されているからなんですね。僕は学校で落ちこぼれでしたので（笑），そういうふうに自分の感覚で探りながらやり方を見つけていくのは新鮮で，楽しかったのです。それぞれの感じ方，考え方の中で，自分にあった方向に歩いていくという考え方に，すごく共感したし，影響を受けました。

　実際，先生自身がどんどん変化されていきますから，カリキュラムの組みようがないんです。唯一絶対の正しい方法なんてないんだ，ということがよくわかりました。

　固定化したものを教えたり学んだりするのではなく，常にその場で，1人ひとりが自分の中に何かを創り上げていく，という感じですね。

>> その場で創造する

眞島　なるほど。

　看護師って，すごく枠にはまりがちなんですよ。普段は柔軟な考え方をしている人でも，仕事に入ったとたん同じやり方でやろうとするし，そうでなくちゃいけないと思っているところがあるんです。

私はそれになじめなくて病院から在宅に移ったんですが，在宅をやりはじめると，そういうわけにはいかないんですよ。相手のお宅に乗り込むわけだから，相手の生活にこっちが合わせなくちゃいけないわけです。でも在宅でさえ，病院のやり方を相手の家の中に持ち込もうとする人もいるんですよね。それが，看護師の受けてきた教育ということだと思います。

　だから私は，岡田さんや甲野先生がおっしゃっているような，古武術の発想の転換が，看護に役立つんじゃないかと思っているんですよ。

岡田　普通，武道の講習会って，お弟子さん相手に技の実演をしますよね。でも甲野先生は参加者の方に受けをお願いするんですね。お互いに了解事項のないところで，それでも通用する技を行うわけですが，そういうその場その場に対応する，というあたりが，看護や介護と似ていますよね。どんな人が来るかわからないから，いかにしてその場で対応するかということが，現場では重要だと思います。

　いろんな人に対応するには，マニュアルを覚えて同じ対応するというのではなくて，もっと根本的なところ，介護の場合だと，身体の使い方からアプローチしていくということが大切だということ。これも，甲野先生から学んだことですね。

眞島　そういう根本的なところからやらないと，結局のところ「危険のない範囲」の，消極的なケアになってしまうんですよね。

岡田　そうですね。もちろん，いろんな知識を蓄えるということも大事だと思うのですが，そうした知識をどうやって使っていくかというときに，たとえば本に載っていることだけを指標にしていくと，うまくいかないということもありますし，それだけじゃつまらないと思います。

眞島　本来看護や介護って，甲野先生のように相手に合わせて判断して，創造的に仕事するもので，だからこそおもしろいものだと思うんですよ。ぜひ，看護師にはそういう発想を持ってほしいと思います。

>> 「いかに転ぶか」という転倒予防

眞島　少し話が変わりますが，私は岡田さんの技術が介護予防にも役立つのではないかと感じています。今，高齢者に筋力トレーニングをやってもらって転倒を予防しようといった試みが盛んですが，それとは違ったアプローチができないかと思うのです。

岡田　筋力トレーニングは転倒予防にも有効だろうとは思います。ただ，人間の動きには，筋力以外のものがあるわけで，それを使えば違った転倒予防ができるとも思います。
　　たとえば，今やっている古武術を応用した介護術を通して効率のよい身体の使い方を学んでもらえば，将来の介護予防にもなると思います。介護者が介護を通して介護予防のトレーニングを行えるということで，一石二鳥じゃないでしょうか。

眞島　筋トレをやったって，転ぶときは転ぶんですよね。しかも，下手に筋力が強いと転んだときになまじ抵抗してしまって，かえってダメージが大きくなるような感じもあるんです。
　　また，高齢者の方は，医療者から「転んじゃいけない」と念を押されているものだから，恐怖症になっちゃっているんですよね。「転んだら寝たきりだ！」っていう，強迫観念みたいなのがある。だから，一生懸命筋トレをする人もいるし，1回転んだ人は，たいした怪我をしてなくてもトラウマになっちゃったりするんです。

岡田　「上手な転び方」をという観点からはあまり考えられてこなかったということがあるんじゃないでしょうか。転ぶまいとして無理に安定しようとすると，転んだときひどい目に遭うっていうのは，高齢者じゃなくてもいえることですよね。
　　武術では受け身ということになると思いますが，怪我をしない転び方を学ぶのは，現実的な転倒予防になるのではないでしょうか。
　　転倒予防教室のプログラムを見ると，「転び方」を教えているプロ

グラムがあまり実践されていないことに気がつきます。現在の転倒予防では,「いかにして転ばないか」に焦点が当てられていて,怪我をしない転び方や受け身には関心が少ないように思えます。

　でも,リスク管理の観点からいえば「いかに転ぶか」を考えるほうが「転ばない方法」を考えるよりも現実的ではないでしょうか。その点では,古武術的な発想で「うまい転び方」を学ぶことは有効だと思います。また,根本的な身体の動かし方や全体のバランスに焦点を当てることにより,転倒予防の効果も得られると思いますね。

　「古武術介護」の技術には積極的に転ぶことにより大きな力を出す「重心移動の原理」があります。それらの技術を学ぶことで,結果として転倒予防のトレーニングにもつながるのではと考えています。

　ただ,そうはいっても向き不向きはあります。トレーニング機器に向かって汗を流す充実感も,年齢・性別にかかわらずたくさんの方が感じていることですから。

　いずれにしても,身体の使い方ということに立ち戻って,それを楽しんでいく中でその人が考えていくことがいちばん大切だと僕は思います。まずは身体を動かして,それからその人に合ったやり方を選んでもらえばよいのではないでしょうか。

眞島　介護技術や介護予防はもちろん,岡田さんの発想がいろいろな点で看護・介護の現状を変えていくヒントになるということがよくわかりました。本日はありがとうございました。

注1)『NHK 人間講座』：1人の講師が1週間講義を行う NHK 総合テレビのシリーズ。甲野善紀氏は2003年11月に登場。その模様は『古の武術を知れば動きが変わるカラダが変わる（DVD付)』（MCプレス刊）に収載。
注2)　グローブ空手：寸止めなしの直接打撃を行う,キックボクシングとほぼ似たルールのスポーツ。

医学書院『週刊医学界新聞』2639号（2005年6月27日発行）のインタビュー「看護・介護に発想の転換を！『古武術介護』の可能性」に加筆・修正を加え再録。

眞島千歳（まじまちとせ）
　訪問看護師・介護支援専門員。1949年生まれ。法政大学入学後，2週間で中退。8年間のフリーター生活を経て東京女子医大看護短大入学。大学病院勤務後，精神病院にて訪問看護を体験。以後，介護コーディネーター，看護短大助手，介護専門学校講師，行政の委嘱看護師として高齢者・身体障害者などの訪問看護に従事。2002年にNPO「そらとびねこ」を設立，代表となる。
　2005年から岡田慎一郎氏を講師に招いての講習会「介護技術セミナー・古武術バージョン」を企画，運営中。

第4章
Q&A
古武術介護でできること，できないこと

人は，「できない」から「できる」に変わる，そのハザマで，なんらかの新たな感覚を発見します。それを「上達」というのでしょう。
つまり，動こうとして動けない，不自由さのなかからこそ，新しい感覚を見出すことができる。とすれば，まずは「動けない」「できない」という状態をよく味わうことが大切です。いわば，自分の不自由さに出会うことといってもいいでしょうか。
── 田中　聡
（田中　聡・中島章夫著，『技アリの身体になる』より）

ここでは皆さんから寄せられた，ご質問，ご意見について，一緒に考えていきたいと思います。

Q1 「古武術介護」は古武術，またはスポーツの経験がないと習得は難しいですか？

A 実は私自身，古武術ができるわけではありません。私ができるのは，本書でご紹介したいくつかの「武術遊び」のように「タネ」を知っていればだれでもすぐにできるようになるレベルのものです。また，小・中・高を通して体育の成績は2か3で，マラソン大会では学年ビリになるような運動音痴でした。

結論からいいますと，古武術やスポーツが得意な人は上達が早いという傾向はあるかもしれません。ただしそれは，運動神経の問題というよりも，身体を日常的に動かしていることによって，身体感覚が磨かれているからだと思います。

しかし，技術によってはスポーツが得意な方よりも，あまり自信がない方のほうがうまくいくケースも少なくありません。これはおそらく，スポーツが得意な方は筋力を主体にした身体の動かし方がしっかりと身についているためにそこから脱却しにくいのに対し，苦手な方は日ごろから筋力に頼っていない分，新しい技術を習得しやすいということがあるのだと思います。

もっとも，私は筋力がないのにもかかわらず，ついつい力まかせになることが多くありました。筋力を中心とした身体の使い方をずっと続けてきたので，今でもどうしても，その癖が出てしまいます。そんなときには少し発想を変えて，あえて利き手でない手を使うとうまくいくことがあります。利き手でない手はうまく筋力を使えないため，無駄な力が入らず，結果として無理のない動きとなりやすいのかもしれません。

Q2 どのくらいの期間練習すればできるようになりますか？

A 「できる」というのがどういう状態を指すのかが問題ですね。たとえば私は，自分では「できる」と感じることはあまりありません。もちろん，武術的な身体の動かし方と出会ったばかりの，2年前の自分と比べたら進歩はあると思います。しかし，「できる」とみなす基準も変わっていくので，いつも「もう少しうまくなりたいな」と思っているというのが正直なところなのです。

おそらく，質問された方は技術的な変化を実感できるのにどれくらいの時間が必要なのかということをお聞きになりたいのだと思いますが，これは個人差が大きいです。センスがある方なら講習会に参加しただけでもかなりできてしまいますし，何度行っても，なかなか進歩がないという方もいらっしゃいます。

私は断然，後者の部類だと思いますが，それでも約半年くらいで身体の感覚，技術が変わってきたことを実感しました。介助技術の習得というより，筋力でないチカラのおもしろさに魅せられ，楽しみながら取り組んだ結果として介護にも生かせるようになったという感じです。また，決して右肩上がりに直線的に上達したのではなく，突然できるようになったり，わからなくなったりを繰り返し，「ジグザグ」を描くように成長してきました。

具体的な時間はそれぞれですが，「苦節何年」ということはないと思います。また，本書とDVDを参考にしていただければ，少なくとも私よりはスムーズに取り組むことができるのではないかな，と思います。技術により難易度に差がありますが，比較的簡単なものであれば，すぐに違いを実感できるものもあると思います。

いずれにしても，古武術介護の取り組みをはじめると「できる」「できるようになる」の意味そのものが，皆さんの中で変化してきます。古武術介護の一番の楽しさは，そのように考え方やとらえ方が変わってくることですので，まずは身体を動かして，体験していただくことをお勧めします。あまり「できる・できない」にこだわった上昇志向ではなく，身体感覚が変化していくことを楽しみながら，取り組んでいただければと思います。

Q3 「古武術介護」は介助者の力の出し方に重点が置かれ，被介助者の動きに合わせるという視点が不足しているように思えます

A 片麻痺に代表される，ある程度動ける方に対する一部介助については，多くの先生がさまざまな方法を研究・発表されており，被介助者の残存機能を活かした介助技術も豊富です。現場で使えるものも少なくありません。

しかし，被介助者からの動きがほとんど期待できない，全介護状態の方に対する介助技術はあまり見当たりません。このため被介助者の重症化が進んだ介護現場では，全介護状態の方に一部介助の方法をそのまま使用し，結果として介助者が身体を痛めてしまうというケースが少なくないと感じています。

「古武術介護」はこういった問題意識から取り組んだという経緯があるため，「被介助者の動きに合わせる」という視点は，他の介助技術の解説に比べて少ないかもしれません。ただ，根本的な「身体の使い方」を考えていますので，介助者の身体の使い方といっても，そこには被介助者の身体との関係性も含まれていると考えています。

また，「古武術介護」は，既存の技術と対立したり，取り替わろうとするものではなく，共生する技術と考えています。これまで皆さんがなじんでこられた技術にプラスしていただくことで，介助者・被介助者双方にとってよい介助技術の創造につながればと思います。

—・—・—・—・—・—

Q4 感覚を大事にということですが，施設の場合，スタッフ全員が統一した方法を行うことができず，介護を受ける方に不安を与えてしまうのではないでしょうか？

A 方法を統一することはできても，感覚を統一することはできません。たとえば「ピーマンをおいしいと感じろ」と命令されたら，苦手な人は困惑してしまいますよね（笑）。古武術介護でも，大事なのは1人ひとりが自分の感覚と向き合い，結果としてそれが技術に活かされることだと思います。その意味では，スタッフ全員で統一した技術を習得することは難しいかもしれません。

逆にいえば，いかに統一された技術・方法であっても，実際にはそこで取り組

まれている1人ひとりは，違った感覚で介助を行っておられるのではないか，とも思います。表面的には同じでも，感覚を含めた，技術を構成する要素の1つひとつまで統一するのは不可能です。無理して統一しようとすれば，食物アレルギーのように，1人ひとりの身体がアレルギー反応を起こすでしょう。その警告を無視すると，やがて身体を痛めることにつながります。「基本」をしっかりと学ぶことは大事ですが，あまり「皆と一緒」ということにこだわらず，自分自身の身体の声に耳を傾けることを忘れてはならないと思います。

ですから，施設などで取り組まれる場合には，統一された技術を1人ひとりがいかに質的に転換し，現場でのさまざまな状況に適用していくのかということへのヒントとして使っていただくのがよいかと思います。

―・―・―・―・―

Q5 「添え立ち」の練習中に腰を痛めてしまいました。実際の介助で使うには危険な技術ではないでしょうか？

A ある小学校が林間学校でカレー作りを企画したところ，「包丁を使うのは危険だ」という指摘があったため，カット野菜が配られ，それを入れるだけのカレーを作ることになったということがあったそうです。

この話を聞くと，多くの方は違和感を感じるのではないかと思います。包丁の持つ「危険性」という一面のみに過剰に反応した対応には，不健全な印象を受けます。確かに誤った使い方をすれば刃物は危険です。しかし，リスクコントロールをしっかり行えば，便利な道具であり，林間学校ではそうしたことこそを学ぶべきなのではないか，と思います。

また最近，ある身体障害者の方に「介護現場にはプロと呼べる技術がないね」と厳しい指摘を受けたことがありました。「介護をしているうちに皆，身体を壊してしまう。料理人であれば，包丁で怪我ばかりしているようなものだ」というのです。私は返す言葉もありませんでした。

古武術介護に限ったことではありませんが，「危険性」という一面だけに注目するのではなく，それがもたらす利益をしっかりと吟味し，コントロールの方法を十分に訓練し実践に移していくことが，プロとして大切なのではないかと思います。そもそも「添え立ち」をはじめとする古武術介護の技術は，どうすれば身体に無理をかけずに介助ができるかという，現場での感覚に基づいたものです。

ただただ危険を避けるのではなく，安全で無理のない技術を求めて工夫を重ねていくことが，介護のプロには求められるのではないでしょうか。

　講習会でも少ない人数ではありますが，腰を痛める方がいらっしゃいます。「自分はできるはずだ」「さっきはうまくいったから」といった心理から無理をしてしまい，怪我をされるケースが多いようです。「添え立ち」であれば，「力まかせになりそうになったらすぐにやめる」ということを守れば，怪我をする可能性はぐっと低くなるでしょう。できないということは決して恥ずかしいことではなく，成長の一歩です。そのことをごまかさずに認め，決して身体に無理をかけないように取り組んでください。できない自分を受け入れられると，練習も楽しくなるはずです。

— · — · — · — · —

Q6 DVDを見たのですが，「体幹内処理」がよくわかりません。特に「添え立ち」は，通常のものと見た目がほとんど変わらないように感じたのですが。

A 気温は同じでも天候条件や自分自身の体調によって，身体が感じる温度には相当差が出てきます。たとえば，無風状態と吹雪のときでは寒さは違うでしょうし，湿度の違いによっても暑さの感じ方は違うでしょう。風邪気味だと同じ温度でも寒く感じることもあります。いわゆる「体感温度」です。

　これと似たことが介護現場でもあります。同じ50kgでもずっしりと重い人，拍子抜けするほど軽い人とさまざまです。私はこれを「体感体重」と呼んでいます。50kgという客観的「事実」は共通ですが，感じる重さはそれぞれに違うという「真実」。

　こうした「事実」と「真実」の差が現れたのが，ご質問の「体幹内処理による添え立ち」の映像だったと思います。見た目は同じという「事実」，しかし技術を構成する原理は違うという「真実」です。

　実際に撮影したときには，バランスコントロールの原理に基づいた添え立ちでは後方へ倒れることでチカラを出していましたし，体幹内処理の原理に基づいたものでは後方に倒れる要素は使わず，骨盤角度の調整を心がけました。しかし映像を見てみると……私が見てもまったく同じ（笑）。しまった！　と思いました。

　言い訳になってしまうかもしれませんが，映像文化の発展した現代では，とかく「見る」ことですべてがわかってしまうような錯覚に陥りがちです。しかし，「真

実」というのは、見ただけではわからないものであり、触れて、感じることによってはじめてその一端に近づけるようなものなのではないでしょうか。「見る」ことを過信せず、まずは「触れて」確かめていただきたいと思います。「言葉」や「数値」による表現ではそぎ落とされてしまう何かがきっと感じられるはずです。そうすることは、頭で理解するのではなく、身体で理解することにつながります。

その意味では、付録のDVDはあくまで動きの参考にすぎません。最も大事なことは、皆さん1人ひとりの感覚の中にあります。ですから、本書の解説やDVDは、あくまでもその感覚に至るためのヒントとして、お使いいただければと思います。

―・―・―・―・―

Q7 「原理その1」から順番に練習していくのがよいのでしょうか？

A 私は小学生のころ、嫌々ながらスイミングスクールに通っていました。きっちりとカリキュラムがあり、昇級審査で上級クラスに上がっていくシステムでした。私は6年生まで3年間通ったにもかかわらず、最後まで3、4年生と一緒。かたや、同じ期間通った妹は選手育成コースにまで進む出世ぶり。完全に凹んでしまいました。

ところが、中学で入った水泳部では、習ったこともない平泳ぎ、バタフライを自分なりに工夫する中で覚えることができました。あの3年間は何だったんだと思いました（もっとも水泳ですら通信簿は3でしたが）。こうした体験は、皆さん多かれ少なかれ、お持ちではないでしょうか？

何もカリキュラムに基づいた教育を批判するわけではありません。私が言いたいのは、学び方には、向き不向きがあるんじゃないかということです。私の場合、カリキュラムよりは、自分で工夫するほうが向いていたということでしょう。

本書では古武術介護のさまざまな技術を6つの原理に整理し、比較的わかりやすく、実践しやすいだろうと思われる順番で取り上げています。講習会で実際に初心者の方に行ってもらったときの反応を基にしているので、この順番で行ってもらうのもよいかと思います。

ただ、「この章の技術を完全にしてから次へ」といった考え方はしないほうがよいでしょう。うまくいかないとストレスになりますし、そもそも、私自身がそのように、段階を踏んで技術を習得していったわけではないからです。ですから、

介助技術だけにとらわれず,「武術遊び」など, できそうなもの, おもしろいと思えるものから, どんどん取り組んでいただければと思います。

また, 簡単なものから順番に, ということにもこだわらなくてよいと思います。人によっては, 一般的に難しいと思われていても相性がよかった, ということもあります（ただ,「添え立ち」など, 危険性のあるものについては, 自分の感覚をよく研ぎ澄まして, 十分に注意しながら取り組んでいただければとは思います）。

つまり, 自分の環境に合わせたオーダーメイドのカリキュラムを作るのが古武術介護には向いているのではないかということですね。なぜなら, 古武術介護でご紹介する技術は, 読んだり, DVDを見るだけではわからない自分の感覚を頼りにして行うものが多いためです。練習する相手との相性も, 技術の成否を大きく左右します。

試行錯誤も多いと思いますが, その分, 自分自身のペースで学ぶことができます。また, 他者からのアドバイスも寄り道が多い分, 染み入ってくるでしょう。どうやら, 古武術介護の学び方は欧米的なカリキュラム方式よりも, 日本の, 昔ながらの職人さんの教育に近いように感じます。もちろん, どんな学び方をするかは皆さんの自由です。どうか, 他者と比べず, 自分自身に合った取り組みを行ってください。

―・―・―・―・―

Q8 介護とは関係ないですが, なぜ「武道」でなく「武術」なんですか？

A 一般的には「武道」という言葉のほうになじみがありますよね。私がお世話になった甲野善紀先生は,「道」とつけてしまうことで精神論に逃げ, 具体的な技術ができるかどうかという原点を忘れてしまわないようにあえて「武術」と名乗っています。甲野先生は, この「術」という言葉に, 単なる反復練習の延長線上にある動きでなく, 質的に転換された動きという意味を込められており, 私も, 自分が行う介護技術が「術」といえるものになるよう, 工夫を重ねたいと思っています。

日本人は,「経営道」「野球道」など, なんにでも「道」とつけるのが好きですよね。精神性を高めることはすばらしいことですが, 時にそれが, できないことに対する言い訳や, 逃げ道になってしまうこともあります。

介護でも精神性ばかりを強調してしまうと肝心の「術」を忘れてしまうことがあるかと思います。「術」を求めれば，きっと介護を受ける側にも自ずと何かが伝わっていくはずです。それを実践しようとしているのが「古武術介護」です。はじめから精神論を持ち出すよりも，具体的にできることを追求したほうが，精神論も自然とついてくるのではと考えています。「道」を外れず，「術」を求めていきたいと思っています。少しカッコ良すぎて，「道」にはまったかな？　と複雑な気分ですが（笑）。

―・―・―・―・―

Q9 紹介された技術を現場でそのまま使うのは難しいと思います。現場への応用ポイントはどこでしょうか？

A 　パソコンが苦手な私のパソコンには，よくトラブルが起こります。そのたびにマニュアルを見るのですが，自分が困っているポイントにはまず答えてくれません。きっと，現場で困っていることがあってこの本を見た方は，そうしたことへの答えが載っていなくて，がっかりされたかもしれませんね。
　しかし，私が本書でお伝えしたかったのは1つひとつの介助技術ではなく，どんな技術にでも共通する身体の動かし方の原理です。それを取り入れてもらい，その場その場で皆さん自身が問題を解決できるようになっていただければと思っています。
　もう少し具体的なアドバイスとしては，まず，筋力に頼らない動きをめざしてください。筋力に頼ると，どうしても関節や腱に負担がかかります。
　チェックポイントは明快で，相手に言葉をかけながら最初から最後まで介助が行えるかどうか，です。筋力に頼って踏ん張ってしまうと，息が止まるので話すことは難しくなるでしょう。私自身，すべての動きを自然に話しながらできるかというとまだまだですが，一部でもできた実感があると，その感覚は他の技術を行っているときにも生きてきます。結果として，「あ，今は筋力に頼ってしまっているな」といった形で，自分の身体の使い方をチェックできる身体ができあがってきます。古武術介護にゴールはありませんが，そういう身体を作ることは，1つの目標といっていいかもしれません。
　まずは，この本で紹介する原理の中から，取り入れやすいものを1つ選び，その動きをなじませることからはじめてみてはいかがでしょうか。「構造」の原理

でご紹介した「手のひら返し」などは，応用範囲が広い割には比較的やさしいのでお勧めです。

—・—・—・—・—

Q10 専門職が使う技術としては，感覚が重視されすぎており，科学的な裏づけが乏しいことが問題だと感じます。

A スポーツはもちろん，介護を含めた「動き」を取り扱う分野では近年，バイオメカニクス的な動作分析や重心解析，EMG（筋電図）などのさまざまな検査，測定が発達しています。そういった理論的裏づけがあってはじめて，専門職が使うに値する技術となるのではないか，というご指摘ですが，こうして振り返ってみると，本書にはそうした裏づけは，見事に1つもありません。

懇意にさせていただいているバイオメカニクスの研究者によると，古武術介護の技術は科学的な測定には向かないそうです。大きな理由の1つは，身体内部の動きが中心となるため，それを特定し，数値化していく技術がまだ追いつかないということです。

だとすれば，私は無理して測定，数量化しなくてもいいのではと思っています。現実に行えて，しかも再現性のある技術であれば，科学のお墨つきをもらえなくても一向に構わないのではないでしょうか。そもそも，現場で介助技術を使用する際に，科学的データの裏づけにこだわる方は少ないでしょう。同じように，日常使う電化製品の説明書にはさまざまな製品データが記載されていますが，それを熟読してから使う人はまずいません。もちろん，裏づけがあるに越したことはないのでしょうが，いくらデータが出たところで，実際に介護に使えなければ（電化製品が動かなければ），それらは限りなく無意味なデータになってしまうでしょう。少なくとも介護現場では，「できなければ無意味」だと私は思います。

ところで，そもそも「科学的」ってどういうことだろう？　と思い辞書を引いてみたところ，「客観的な方法をもとに対象を組織的，系統的に研究して一般法則を明らかにする学問」とありました（三省堂『現代国語辞典』より）。

アプローチの仕方はともかく，実際に繰り返して行っている技術の中にある「何か」をある種の法則にまとめ，伝えているという意味では，本書も科学的アプローチの一種といえるんじゃないか？　と思いました。感覚という，およそ主観的なものだと思われるものが対象ではあっても，組織的，系統的に研究することによっ

て，ある程度の客観性を得られるのではないでしょうか．

　ただ，本書で紹介したものも含めて，あまり原理を頭に詰め込みすぎると，身体の動きが止まってしまいます．現場でうまく動けたときは，何も考えていないことが多いはず．本書では，できる限り言葉によって，客観的に説明しようと心がけましたが，現場にいるわれわれにとって一番大切なことは，言葉や数値に縛られた自分自身を解放してあげることではないかと思います．「古武術介護」がそのきっかけになるとうれしいです．「科学」はうまく使えば有用ですが，時に自分自身を縛りつけるものです．「取り扱い注意」のシールを貼っておきたいものですね．

—・—・—・—・—

　「古武術介護」は完成された技術でなく，現在進行形で進化・変化を続けています．「古（いにしえ）の身体技法」には現代人にとっては新たな発見，発想の転換のヒントにあふれています．それぞれの取り組みの中から，ここにあげた以外のさまざまな疑問が生じてくることと思いますが，ぜひそうした疑問を手がかりにして，新たな身体の使い方を研究していただければと思います．

▶ **文献**
田中　聡, 中島章夫：技アリの身体になる　武術ひとり練習帳. バジリコ, 2006

第5章
現在は常に通過点

桑田投手が武術の体の使い方を理解するようになった後，あるインタビューにこう答えていました。「いままではアメリカ式の科学トレーニングか，千本ノックの根性野球の二つしか道がないと思っていたが，武術と出会って，第三の道があることがわかった」と。彼は「頭を切り替えるのに三年かかり，身体を切り替えるのに三年かかった」とよく言っていますが，それだけ常識や刷り込まれている身体の感覚を転換するのは大変なのだと思います。
── 甲野善紀
（甲野善紀・井上雄彦著，『武術への招待』より）

介護現場での疑問と工夫からスタートした古武術介護ですが，最近では単なる介助技術にとどまらず，さまざまな可能性を感じさせてくれるようになりました。最後に，介助技術の枠組みを飛び越えて展開を見せつつある古武術介護のさまざまな可能性を，皆さんにご紹介しておきたいと思います。

>> 質的変換された身体を作る

介護で介護予防!?

　近年，介護予防の大切さが盛んに説かれています。トレーニングやさまざまなケアによって要介護状態になることを防ごうとするものですが，最近，そうした「介護予防」をテーマにした講習会にも，講師として招かれるようになりました。

　介護予防の講習会で古武術介護の技術・発想が求められる背景の1つは，いわゆる「老老介護」の問題でしょう。高齢化が進む現在，お年寄りがお年寄りを介護する機会が増え，介護中に身体を痛めてご夫婦とも要介護状態になってしまうというパターンも少なくないようです。そうでなくても，「介護は身体を痛める。だから介護者がいちばん先に要介護になる」という話はプロであるはずの介護福祉士の口から聞かれることすらあります。ある施設では，それを見越して家族会から職員向けに，毎年コルセットが寄贈されるそうです。

　ここには，「介護＝身体を痛めるもの」という前提があります。しかし，身体の使い方を工夫し，負担のかからない動きを追求していくことによって，そこまでひどい状況は避けられるのではないかと思っています。もちろん万能ではありませんが，古武術介護を通して身体の使い方の質的変換を行うことによって，怪我をしにくい身体，高齢になっても元気に動ける身体を作ることは可能だと考えているのです。

　実際，介護予防をテーマにした講習会の参加者からは，単調な体操や筋力トレーニングよりも，相手と触れ合い，おしゃべりしながら身体を鍛えられ，介助技術まで学べるということで，一挙両得だという感想をいただくこともあります。

身体を痛めず，身体が変わる

　しかし，第4章のQ&Aでも書いたように，ごく少数ですが古武術介護の練習で身体を痛める方がいらっしゃいます。また，筋肉痛になったという方もいらっしゃいます。

　いろいろな原因があると思いますが，一番多いのは，「できる」「できない」という結果にこだわりすぎて，筋力に頼ってしまったケースです。われわれの日常の動きはほとんどが筋力を中心としたものです。その癖は2，3時間の講習では

なかなか抜けません。たとえば，武術遊び「手のひら返し」では，せっかく筋力でない「構造」のチカラを利用できる状態を作っても，相手を押す瞬間になって，腕力を使ってしまうケースがよく見られます。腕力に頼った瞬間，「構造」が壊れ，全身の力が使えなくなり，結果的に肩や腕に負担がかかってしまうというわけです。

一方，講習会後に「腰痛や肩こりがとれて，とても楽になった」という感想をいただくことも多いです。おそらく，介助技術を学ぶ過程で身体の使い方が根本から変わり，姿勢など，腰痛や肩こりの原因となっていた要素が改善されたのでしょう。単なる介助技術にとどまらず，身体の使い方の質的転換をめざす古武術介護においては，こうしたこともしばしば起こります。

身体の使い方が質的に変化することによって，介護中に身体を痛めずにすむだけではなく，身体全体のバランスが整えられ，結果として腰痛や肩こりが緩和される。会社にたとえるなら，「筋力」という社長の下では，肩，腰といった働き者の社員だけが過労状態だったものが，「古武術介護」という社長が赴任したのをきっかけに，全社員が一丸となって働くようになったというようなイメージですね。

そういう意味では，介護に限らず，日常生活や仕事の中で身体を壊してしまうということは，身体の使い方が質的に転換されておらず，力まかせになってしまっていることの証明といっていいかもしれません。

準備体操いらずは介護いらず？

ところで，介護のプロである介護福祉士の技術は力まかせではない，質的に転換された無理のないものとなっているでしょうか？ プロの身体運用は，無駄がなく，合理的なものであるはずですが，介助技術をそうしたプロの身体運用の1つとして見てみると，まだまだ改善の余地があるように感じます。

たとえば，一般論として，介護には腰痛や筋肉痛はつきものであり，それを避けるために，準備体操，整理体操が勧められています。しかし，よく考えてみると，介護のプロである私たちが，準備体操をしないと身体を壊してしまうようではまずい，と思いませんか？ 相手に斬りかかられた武士が刀を抜く前に「あっ，ちょっと待って。準備体操するから」とはいわないと思います。

武士というと特別な世界の話のようですが，農業や漁業など，古くからの労働の中には，共通した感覚があるようです。私の住んでいる地域は農村で，よく農業体験をされる学生さんや社会人の方がいらっしゃいます。指導するのはたいていが70代以上の高齢者ですが，いざ農作業に入ると，若い参加者は農家の人のペースについていけません。

ここで注目してほしいのは，農家の皆さんは準備体操や整理体操を行わずに，毎日同じようにその仕事をこなしている，ということです。日々の労働の中で，筋力に頼らない質的に転換された動きが身についた結果として，筋力に衰えが出ても若者以上の働きができる，ということではないかと思います。

　同じことは，行商をする方々にもいえます。自分の背丈ぐらいもある重い荷物を背負い，駅の階段を上り下りしていますが，ほとんどの方は70代以上の女性です。体力がある若い男性でも同じことをするのはかなり難しいでしょう。単純な筋力を鍛えることだけでは得られない「生活体力」がそこにはあると思います。

　そういった農家や行商の方の仕事ぶりを見るたびに，同じプロとして，もっと質的に転換された介助技術を追求していきたいと強く感じます。そして，「介護は身体を痛める。だから介護をする人がいちばん先に要介護になってしまう」という噂（定説？）を，「介護で身体が変わった。介護いらずになった」と変えていきたいと思っています。それくらいの「逆転の発想」が，古武術介護の中にはまだ眠っているように思います。

>> 他分野との交流でひらかれる可能性

音楽と介護の新しい関係

　講習会参加者は当初，看護，介護のスタッフや家庭介護に直面している方が中心でした。しかし，最近では，目の前の介助技術ではなく，根本にある身体の動かし方に注目して参加される方も増えてきました。これは非常に喜ばしいことだと感じています。

　私自身の活動も，他分野の方々との交流が盛んになってきています。たとえば，親しくしていただいている邦楽打楽器演奏家の仙堂新太郎氏は，太鼓演奏の講習会に古武術介護を取り入れておられます。

　和太鼓の演奏は非常にダイナミックな一方で，身体には相当の負担がかかり，腰痛，肩痛などの慢性的な悩みがあります。仙堂氏自身，先駆的に筋力トレーニングを取り入れて身体を鍛え，筋力をつけることでそれらを予防しようとしたそうですが，身体を壊す方が後を絶たなかったといいます。和太鼓の世界にも介護と非常に似た問題があったわけです。

　そんな中，常に新たな演奏技術を追い求めていた仙堂氏は，私と同じように偶然テレビで手裏剣を打つ甲野善紀先生の姿を見て，天才とよばれていた演奏家たちの奏法が脳裏によみがえったそうです。今まで「天才だから」とあきらめかけていた奏法に近づくヒントがあるのでは，と考えた仙堂氏は甲野先生を招いての演奏家向けの講習会を企画。直感は確信に変わり，以後，古武術の原理を用いた

演奏法を探求されています。これまでご自身が確立された演奏法とは異質なものを柔軟に取り入れていく謙虚かつ積極的な姿勢に，頭が下がりました。

そして，仙堂氏は2002年のFIFAワールドカップの音楽監督をはじめ，さまざまなイベント，演奏会でその響きを披露するとともに，古武術を生かした独自の演奏法を講習会でも積極的に伝えていらっしゃいます。

和太鼓でも，古武術介護と同様，表面的な動きではなく，本質的な身体の使い方が重要であるそうです。そこで，実際の武術よりなじみやすい古武術介護の技術を通して，私も演奏家向け講習会に協力させていただいています。身体感覚が優れた方が多い演奏家の皆さんは違和感なく学んでおられ，「以前はどうしても力まかせになっていた奏法が，疲れにくく，長時間の演奏もこなせるように変化した」と驚かれることもしばしばあります。

「音楽と介護」というと，病院への慰問や音楽療法を思い浮かべると思いますが，意外な形で，しかも本質的な身体の使い方というテーマで交流を持たせていただけたことは非常にうれしいことです。今後もさらに触発しあえる関係になっていけることを期待しています。

スポーツの視点から見えるもの

甲野先生の技術が最初に他分野で注目されたのは，野球やラグビーなど，スポーツの領域でした。最近では，そのスポーツ分野でも，古武術を応用する際の比較的簡単な例として，古武術介護を紹介されることが増えてきました。

古武術をスポーツに活かす取り組みをされている研究者の1人，びわこ成蹊スポーツ大学助手で野球部監督でもある高橋佳三氏には，スポーツ的な視点から武術的身体運用のアドバイスをいただいてきました。本書で紹介した技術の中にも，高橋氏からいただいたヒントが多く活かされています。たとえば68頁で紹介した，股関節から折りたたむようにトイレに座らせる技術は，高橋氏が研究した股関節から動かすバッティングフォームにヒントを得たものです。

高橋氏に限らず，スポーツ選手は，現代社会の中では例外的に身体に向き合っている方たちであり，教えられることは数多くあります。たとえば高橋氏が以前指導していた大学野球部員が介護実習である福祉施設に行ったとき，現場の技術を見てびっくりしたそうです。どんな相手であっても相撲のがっぷり四つ状態で抱え上げて，振り回すように移動させている。「体力のある僕でも無理な体勢ですべてをこなそうとしている。あれじゃあするほうも，されるほうも身体壊しちゃいますよ。なんでだれもやり方を変えようとしないんですか？」と，素朴かつ鋭い疑問を伝えてくれました。

（決して，現場のすべてがそうだというわけではありませんが）基本を盲目的

に反復し，結果として身体を壊している介護の現状が，一般の方々の目にどのように映るのか。また，介護の現場にいるといかにそうした視点を持ちにくくなるのかということに気づかされました。

　こうした他分野の方々との交流は，今後も積極的に続けていきたいと思っています。介護の世界では得られない発想や技術を他分野から積極的に取り入れることによって，身体介助にとどまらない「介護」全体に変化を与えてくれるように思います。いまや国民的課題となった介護問題は，「介護界」だけではなく社会全体で考えるべき問題です。身体の使い方と同じく，一部だけが参加するのではなく全員が少しでも関心を持ち，有形無形を問わずに参加することによって，新たな介護の可能性がひらかれるのではないでしょうか。

>> 身体を通したコミュニケーション

古武術介護で本来の「体育」を

　技術的な側面以外のものとして感じるのが，講習会で，はじめは緊張していた初対面の参加者同士が，講習会終了時には和やかな雰囲気で交流している，ということです。

　日常生活でのコミュニケーションといえば，まず言語でしょう。しかし，古武術介護の場合，お互いの身体を触れることからはじまり，表面から見えない自分自身の感覚を相手に伝えることが自然に行われます。つまり，日常とは逆に，言葉よりも先に身体を通したコミュニケーションが起こるのです。これは，古武術介護が持つ大きな魅力・財産の1つだと思っています。

　ですから，「面倒を見る人間がいないので子どもを連れてきました……」と申し訳なさそうに講習会に子連れで参加される方がよくいらっしゃいますが，私は大歓迎です。なぜなら，親子のコミュニケーションの1つとして，古武術介護を楽しんでほしいと思っているからです。

　同じように，お年寄りの皆さんにも，ぜひお孫さんと古武術介護で遊んでほしいと思っています。高齢化が進む現在，孫とのコミュニケーションで悩む方が増えているせいか，「孫に気に入られる〇〇」などといった記事を雑誌でよく目にします。孫にとっては「お小遣いをくれる人」という存在になってしまい，なんとか現状を打破したいと考えるお年寄りのニーズがあるのかな，と思いますが，どんなに最新のアニメやゲーム，歌手の名前でご機嫌を取っても，子どもはついてこないものです。

　子どもの気持ちをつかむには，言葉やモノではなく，身体を通した体験が一番です。その意味で，古武術介護，武術遊びを一緒にすることがある種のヒントに

> こうかな?
> あっ!そこのコツはですね…
> わ〜い!!!

古武術介護は今日も楽しく深いのであった…

なるのではと思っています。たとえば，お父さん，お母さんでも起こせない状態で寝ている人を，おじいちゃんは軽々起こした！　ということになれば，お孫さんの見る目も変わるでしょう。

ちょっと聞くと何でもない話のようですが，ここには現在の教育から失われつつある「身体を通した教育」をいかに行うかについてのヒントがあると思います。小さなころから自分の身体をしっかりと見つめることは，子どもにとっても，身体を育む，本来の意味の「体育」につながるでしょう。

そのような観点から，古武術介護を，いわゆる「学校体育」とは一線を画した，身体を育む，家族とのコミュニケーションをも含んだ「家庭の体育」に展開させていきたいと，現在模索中です。

>> 現在はいつだって通過点

介護現場で感じた素朴な疑問からスタートした古武術介護ですが，今日までさまざまな出会いを経て，これまでにご紹介したような，想像を超えた多様な展開を見せてくれるようになりました。

ですからあまり介護，看護現場での実践活用を急がず，実際に身体を動かして古武術介護における技術の不思議さ楽しさを感じていただくことを大切にしていただきたいと思います。自分の身体の使い方，動かし方が変化していることに気がつくころには，結果として，あなたの介助技術も変わってきているはずです。

その心がまえとして，武術稽古研究家で長年にわたって甲野善紀師範に師事しており，私の介護講習会にもアドバイスをいただいている，中島章夫氏（半身動作研究会主宰）の稽古に関する文章をご紹介しましょう

> **急がないこと，急がせないこと**
>
> 　才能があったり，経験豊かな人はできない時期をサッと駆け抜けてしまい，この時期に自分の身に起こったことに注意を向けない。だからここでモタモタしている人たちのことを理解できないのである。
>
> 　甲野善紀の偉いところは，そうした人を放っておいたということである。もし手取り足取り親切な「教えたがり」だったとしたら，わたしのような人間は余計に自分の駄目さを感じてしまったことだろう。丁寧に教えてもらっているのにちっともできないのだから。
>
> 　しかし，「教えたがり」は得てして急がせる。早くできるようになることがいいことだと思っているのである。しかしそれは出てきた芽を引っ張って早く伸ばそうとするようなものである。
>
> 田中　聡・中島章夫：技アリの身体になる．バジリコ，2006，146頁から引用

　この文章を読み，「そうそう」と頷いた方も多いのではないでしょうか。私自身，古武術介護と出会ったときは，今なら講習会に出た方がほとんどできるようになるようなものですら，さっぱりできませんでした。あのとき，もし「教えたがり」の人がそばにいて，「芽」を引っ張られていたらと思うと怖くなります。私の場合，人並み外れて鈍く，小学校の鼓笛隊の行進や縦笛が周りと合わず，先生から「どちらかに専念しなさい！」といわれ，行進に専念したにもかかわらずうまくできず，毎年子ども心に恐縮しきりの運動会をすごしていたほどの運動音痴ですので，切実な実感です。

　しかし，いつしか教える側に自分が立つようになった今，自分も「教えたがり」で芽を摘むようなことをしていないかと，自問自答してしまいます。

　すぐに芽が出る人であれば問題はないでしょう。しかし，なかなか芽が出ない場合，水をやり，肥料をやり，ともすれば「教えたがり」が本人の芽を腐らせてしまうことにもつながります。

　つまるところ，1人ひとりの芽の出方は違う，またその成長のスピードも違うということにつきるでしょう。「1人ひとりが違う」ということは，介助技術であっても同じです。皆が一斉にできるようになる技術なんて，本当は存在しません。間に合わせの機械的マニュアルで，表面だけ「できたようなふり」をしているにすぎないのです。

　しかし，そうした表面だけの技術では，自分の身体がとても居心地が悪いものになってしまうことでしょう。自分も相手も心地よい状態をめざす，それが古武術介護のあり方だと思います。そのためには，周りと比べて，教わるほうも教え

るほうも急がない，急がせないことが必要ではと強く思います。

　本書で紹介した技術や考え方は，あくまで現時点のものにすぎません。古武術介護はさまざまな出会いの中で，今この瞬間も，成長と展開を続けています。「現在はいつだって通過点」です。私自身は今後も，肩肘張った「道」に走らず，「術」を求めて「寄り道」していければと考えています。本書が介護はもちろん，さまざまな分野の皆さんへのヒントとして活用され，大きな「通過点」となることを期待します。

▶ **文献**
甲野善紀，井上雄彦：武術への招待．宝島社，2006

参考文献・映像資料

　ここでは，本書をきっかけに，武術や身体を動かすことへの興味を持たれた方のために，参考文献・映像資料をご紹介します。どれも一見，介護とは無関係ですが，「身体と向き合う」という点で，本質的なつながりを持ったものと考えています。ここまで読んでくださった皆さんであれば，これらの本が分野を問わず，身体を通した新たな発見を求めるための糧になるのではないかと思います。

『身体から革命を起こす』
著：甲野善紀・田中　聡

野球，バスケットボール，卓球，陸上などのスポーツから，音楽，舞踊，リハビリテーション，介護，精神科カウンセリング，機械工学，JAXA（宇宙開発機構）にいたるまで，甲野氏の身体技法に触発された人々を鮮やかに描くノンフィクション。特に野球指導者の高橋佳三氏，フルート奏者の白川真理氏による，それぞれの分野への身体から発した提言は机上の論理にはない迫力を持つ。

（四六判変型，238頁，新潮社，2005年）

『甲野善紀　武術との共振』（DVD）

女子バスケットボール元日本代表・濱口典子選手。総合格闘技「修斗」世界ランカー・植松直哉選手，そして介護福祉士である筆者の3人が甲野氏と各々の分野でセッションをするDVD。それぞれにおいて台本はなく，その場での「気づき」により新たな技が生まれるなど，他では見られない独特の展開が興味深い。甲野氏の実際の動きを見たい方に推薦したい。

（DVD-VIDEO 60分，制作：人間考学研究所／販売：ベースボール・マガジン社，2005年）

『動く骨（コツ）　動きが劇的に変わる体幹内操法』
著：栢野忠夫

このタイトルを単なる駄洒落と思ったらとんだ勘違い。人間の動きとは筋肉主導ではなく，骨主導で行われるという著者の明快な論理のもと，「身体内を探検する」と表現したくなるような緻密な体幹内操法の数々が紹介されていく。同名のDVDも出版されているので，そちらもお勧め。

（A5判，287頁，スキージャーナル社，2004年）

『ナンバの効用　整体動作がカラダを変える』
著：小森君美

筆者は講習会などで「練習する相手がいないので1人でもできる練習法は」と聞かれたら，「歩いてください」と答えている。無論，一般的なウオーキングではなく，いわゆる「ナンバ」。「腕を振らない？」「身体をねじらない？」など，「ナンバ」に伴う疑問を掘り下げ，歩くにとどまらず，「整体動作」という身体全身で動く根源的な身体運用を教えてくれる一冊。

（文庫判，254頁，徳間書店，2004年）

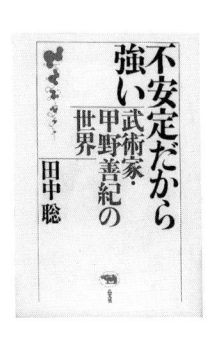

『不安定だから強い　武術家・甲野善紀の世界』
著：田中　聡

甲野氏の技と思想，各分野との交流を著者自ら体感しながら書いた一冊。特に注目したいのはリハビリテーションと武術についての章で紹介されている，理学療法士・北村啓氏。北村氏の取り組みは，武術との出会いから生まれた現代医学に対しての根本的な疑問の中で，実践者としての自負が強く感じられ，興味深い。

（四六判，221頁，晶文社，2003年）

『武術への招待』
著：甲野善紀・井上雄彦

『スラムダンク』『バガボンド』などの人気作品を持つ漫画家・井上雄彦氏と甲野氏との対談集。
剣豪たちの逸話，武術の視点から見る現代スポーツ，教育，社会への問題提起，井上氏の表現者としての悩みなどが，ユーモアを交えていきいきと語られている。甲野氏関連の著作ではもっとも読みやすい一冊。また，バスケットボールの濱口典子選手の序文も武術への向き合い方について，さまざまな示唆を与えてくれる。

（文庫判，206頁，宝島社，2006年）

『自分の頭と身体で考える』
著：養老孟司・甲野善紀

解剖学者と武術家による異色の対談本。しかし，両者ともに「身体」の専門家である点では共通している。頭で思考することへの過剰なる信頼がある現代へ，身体を通して考えることを提案する。この国の，社会の，人間のあり方について鋭い意見が交わされ，痛快さを覚える。

（文庫判，247頁，PHP研究所，2002年）

『技アリの身体になる　武術ひとり練習帳』
著：田中　聡・中島章夫

武術のおもしろさの1つは，常識では説明のつかない，動きの不思議さにあるだろう。しかし，そこにたどり着くまでに途方に暮れてしまうのも事実である。本書は，武術的身体感覚を身につけるための，具体的な取り組みが懇切丁寧に書かれた画期的な一冊である。イラストも実践するにあたってのアイディアにあふれており，楽しい。また，技術論にとどまらず，上達，稽古論としてもたいへん興味深い。

（A5判，160頁，バジリコ，2006年）

『身体の言い分』
著：内田　樹・池上六朗
神戸女学院大学教授で哲学者・合気道家の内田　樹氏と三軸修正法という独自理論を実践する治療家・池上六朗氏の対談本。「元気かどうかなんて，それは自分で決める（池上氏）」「健康って，すごくバーチャルなもの（内田氏）」のように，ハッとする意見が次々に交わされる。読むと自分の身体に耳を傾けたくなる一冊。

（四六判，260頁，毎日新聞社，2005年）

『古武術が眠れる能力を開花させる
バスケットボール革命』（ビデオ）
指導・解説：金田伸夫・矢野龍彦
実技：甲野善紀，桐朋中学・高校バスケットボール部
具体的に武術的身体運用を実践する入門編としてはおそらく，もっともわかりやすい映像。甲野氏の武術の原理をうまく活用し，独自の工夫が加えられている。肩甲骨の活用，ナンバ走り，うねらない，ためない，ねじらない身体の使い方など，見てすぐ試したくなる。下記の『ナンバ走り』を併せて読むとさらに理解は深まるだろう。

（カラーVHS 60分，日本文化出版，2004年）

『ナンバ走り　古武術の動きを実践する』
著：矢野龍彦・金田伸夫・織田淳太郎
進学校のバスケットボール部がわずか「週3回1日80分」の練習で，インターハイに出場。その影には古武術の原理を活かした独自の身体運用の開発と実践があった。武術との出会い，取り入れるまでの試行錯誤，現在の取り組みなどを，具体的な技術解説とともに紹介している。上記のビデオ『バスケットボール革命』とともに読むとさらによく理解できる。

（新書判，211頁，光文社，2003年）

▶ あとがき

　甲野善紀先生にはじめてお会いしてから1年ほどたった2005年2月，朝日カルチャーセンター湘南教室で『古武術に学ぶ介護術』という講座を担当することになったのが，「古武術介護」の第一歩だった。当時，専門学校やホームヘルパー講座で講師をしていたものの，古武術については雑談的に伝える程度だった。しかし，生徒の皆さんにはその「雑談」が思いのほか好評で，漠然と「いつか古武術介護の講習もできるといいな」と思っていたところ，甲野先生の講座を担当していた朝日カルチャーセンターの佐々木和子さんからお声がかかった。考えてみると，それからまだ1年半ほどしかたっていないのだが，その後の急展開は，今思い起こしても信じられないものだった。
　朝日カルチャーセンターではじめて「古武術介護」を教えることについて，緊張しながら許諾をお願いした私に，甲野先生は「どうぞ，参考になるなら自由に使っていただいて結構ですよ」と快諾をしてくださった。その後，古武術介護が今日のような形に変化・発展していく中で，先生から「それは違う」「こうやりなさい」といった修正を受けたことは一度もない。ご自身も現状にとどまらず，日々進化を続けておられる甲野先生だからこそ，私が試行錯誤の中で技術を変えていくことを喜んでいただけたのだと思う。そんな甲野先生の懐の深さがなければ，古武術介護，ひいては本書が誕生することはなかった。どんなに言葉を並べても表しきれない感謝の気持ちでいっぱいである。
　本書誕生の直接のきっかけは，2004年12月にいただいた，医学書院の編集者・鳥居直介さんからの電話である。上記の講座案内が甲野先生のホームページに掲載されたのを見て連絡したということで，まだ講習会が今のように頻繁に行われるようになるとは想像もつかなかった時期のことだ。「古武術を介護に応用している変わり種」ということで，単発記事を載せるのかな，というくらいに思って打ち合わせに出向いたのだが，いつの間にか『週刊医学界新聞』で連載させていただくことになっていた。そしてさらに，読者の皆さんから思いがけない反響をいただいたことが追い風となり，単行本化が決定。DVDまでついた本を作ることになった。
　古武術介護の生みの親が甲野先生ならば，育ての親は鳥居さんと言っても過言ではない。机上だけでなく，お互いが身体を動かし，試行錯誤を重ねて古武術介護を育ててきた。本文の編集はもちろん，DVDの制作など幅広く活躍していた

だき，その情熱と好奇心のおかげでとても楽しい本作りになった。

　本書をまとめるにあたっては，数多くの皆さんの力をいただいた。温かなタッチでアイディアあふれるイラストを描いてくださった，漫画家・海谷秀和さん，本文や DVD でモデルを務めてくださった，看護師・若生香さん，女優・関根淳子さん，瀧井美紀さん，DVD 収録にあたって施設を提供していただいた三幸福祉カレッジの皆さん，古武術介護という新しい技術を研究するうえで，学ばせていただいたさまざまな分野の方々，そして，介護専門職としての私の基盤を築いてくださった介護施設の皆さん，その他，数え切れないほど多くの方々の力に支えられて，今の自分がある。

　ホームヘルパー講座で，やけに熱心な「雑談」をしていたころにはまさかこんな展開になるとは思っていなかった。けれど，その「雑談」の中に介護実践へのヒントを見出し，楽しんでくれた生徒の皆さんからは，「古武術介護」が実践に役立つものであるという自信をいただいた。それが「古武術介護」発展の原動力であったことは間違いない。

　「"ご縁"とはこのようなことを言うのか」と強く実感した本作りだった。お力をいただいたすべての皆さんにもう一度，心から御礼を申し上げたい。

　古武術介護はまだ産声をあげたばかりである。今後も現場の視点を忘れず，幅広い分野の方々との交流を糧に，肩肘張らず，更なる展開を楽しんでいきたい。

2006 年 6 月

岡田慎一郎

索引

あ

足裏感覚　35
足裏の垂直離陸
　　　　43, 55, 61, 62, 73, 75
あそび　22, 31, 56, 74

い

いかに転ぶか　82
椅子からの抱え上げ　43
椅子からの立ち上がり介助　15

う

浮き取り　43
うまい転び方　82
運動神経　86

え，お

演奏家向けの講習会　100
教えたがり　104
音楽と介護　101

か

介護予防　81, 98
科学的な裏づけ　94
格闘技と介護の共通点　51
片手上体起こし，「構造」を用いた　20, 21
家庭の体育　103
身体
　──の使い方の質的転換
　　　　　　　　　　98, 99
　──を通した教育　103
　──を通したコミュニケーション　102
カリキュラム　91
感覚　94

き

危険性　89
キツネさんの手　8, 35, 60, 71, 72

「基本」はあくまで「きっかけ」
　　　　　　　　　　52

く，け

「クリンチ」を応用した立ち上がり介助　4
肩甲骨の活用　25, 64, 67, 70

こ

構造　10, 20, 31, 59, 64, 74
甲野善紀　5, 92
股関節　68
骨盤の角度　41
古武術　5, 86
　──の発想の転換　80
　──をスポーツに活かす取り組み　101
転び方　81

さ

残存能力が高い人の椅子からの立ち上がり介助　70
3点ベルト方式　71

し

重心移動　27, 31, 60, 64, 67
重心移動の方向を変化させる　31
準備体操　99
上手な転び方　81
上体起こし
　──，原理1～3を併用した
　　　　　　　　　　30
　──，「重心移動」を用いた
　　　　　　　　　　27
　──，「体幹内処理」を用いた
　　　　　　　　　　40
身体感覚　86

す，せ

捨て身技　27
スポーツ的な視点　101

スポーツの経験　86
生活体力　100

そ

添え立ち　34, 89
　──，「体幹内処理」を用いた
　　　　　　　　　　40
　──の注意点　37
　──の練習方法　35

た

体位変換，ベッド上での　64, 66
体感温度　90
体感体重　90
体幹内処理　38, 60, 90
体幹内処理による添え立ち　90
他分野との交流　100

ち，て

長座状態からの立ち上がり介助
　　　　　　　　　　33
手のひら返し
　　22, 23, 31, 59, 62, 64, 66, 70, 73
転倒予防　81

な，に

ナンバ歩き　5
ニート　48

は

バイオメカニクス的な動作分析
　　　　　　　　　　94
バランスコントロール　33
半身動作研究会　103

ひ

被介助者
　──の動きに合わせる　88
　──の残存機能を活かした介助技術　88

113

ふ

不安定を使いこなす　29
武術　92
武術遊び
　——「骨盤崩し」　38
　——「段ボール箱乗り」　46
　——「手のひら返し」　21, 22
　——「引き落とし」　16
武道　92

へ

ベッド上端座位から車椅子への移乗　62
ベッド上での上体起こしから端座位まで　59

ゆ，よ

揺らしとシンクロ　15, 31
洋式トイレへの座らせ方　68

り

立位からの抱え上げ　43
両手上体起こし，「構造」を用いた　25

れ，ろ

練習　87
老老介護　98

身体が変われば介護が変わる——介護する身体を護る技(わざ)術。

DVD＋BOOK

古武術介護
実践編

岡田慎一郎

古武術の発想をヒントに、身体に負担をかけない介護技術を提案する「古武術介護」。A4大判、400点以上のカラー写真、85分のDVDで古武術介護のすべてがわかる！

- ALS、脳性まひ、脳卒中の当事者が「介護される視点」から古武術介護を検討
- モーションキャプチャ映像収録　・「介護する身体」をつくる5つの型を紹介

●A4横　頁144　2009年　価格：本体3,800円＋税　[ISBN978-4-260-00889-1]

医学書院　〒113-8719 東京都文京区本郷1-28-23　［WEBサイト］http://www.igaku-shoin.co.jp
［販売部］TEL:03-3817-5650　FAX:03-3815-7804　E-mail:sd@igaku-shoin.co.jp